Zarte Seele –
Starker Geist

Dein Fühlen als Wegweiser zu Dir!

Stefanie Ochs

IMPRESSUM

www.essential-healing.net

ISBN Druck: 978-3-949790-18-8

ISBN E-Book: 978-3-949790-88-1

1. Auflage Februar 2022

Lektorat: Cornelia V. Harms

Layout & Cover-Design: Katrin Ochs, my-soul-design.com

Coverfoto: Alexander Busch

CoLibri FairLag, www.colibri-books.de

Colibrij Media UG, Weßling

Druckerei: FINIDR, s.r.o., Lípová 1965, 737 01 Český Těšín

Tschechische Republik

WICHTIGER HINWEIS

Die Inhalte und Empfehlungen in diesem Buch wurden von Verfasser und Verlag sorgfältig erarbeitet und geprüft und stellen keine Heilungsversprechen dar. Auch ersetzen sie keine psychologische oder schulmedizinisch anerkannte Therapie oder Behandlung. Die Inhalte spiegeln die Erfahrungen der Autorin wieder und dienen der Selbstreflektion und Persönlichkeitsentwicklung. Als Leser dieses Buches, bleibt deine Verantwortung für deine Gesundheit und Wohlbefinden bei dir und lädt dich ein, dir professionelle therapeutische Unterstützung zu suchen, wenn du sie brauchst.

Inhalt

Widmung

Dieses Buch ist allen Wesen gewidmet, die aus der Illusion der Dunkelheit ihrer Schatten erwach-s-en und ihr volles Licht & Potenzial entfalten wollen! Sowie meiner Oma! Durch dich konnte ich immer an das Gute in allem glauben! Dein Licht hat mich getragen durch die größte Dunkelheit, weit über deinen (irdischen) Tod hinaus!

In tiefer Dankbarkeit an meine Klienten und ihr Vertrauen in mich und die Bereitschaft sich auf sich einzulassen und die Schätze ihres Lebens zu bergen. Meinem Partner Alexander, der mich stets auffordert, nochmal genau hinzuschauen und noch tiefer zu graben, sowie seinen Söhnen Amon, Artur und Aragon von denen ich so viel lernen und mich (auch in meinen Schatten) spiegeln konnte. Ihr seid toll! Meiner Herzensfreundin Anke seit Kindertagen, sowie meiner Schwester Katrin, die mich nicht nur grafisch und gestalterisch unterstützt, sondern immer an mich geglaubt hat, so wie ich an sie! Meinem besten Freund und ehe-maligen Mann Eric, auf den wir immer zählen können und der unsere Welt mit seinem großen Herzen bereichert. Unserer Freundin Kerstin für ihr stets offenes Ohr und klaren Blick, unseren Weggefährten Jutta und Johannes, die uns mit ihrer psychologischen Tiefe bereichert haben, und allen Mentoren und Lehrern des Lebens, die mir gezeigt haben, was wirklich in mir steckt. Ramtha´s Lehren, die mich dank JZ Knight´s unermüdlichem Wirken in der Tiefe meiner Seele berührt haben. Mit großem Dank und Liebe an meine Eltern, durch die ich lernen konnte, dass ich meine Kraft und Wahrheit nur in mir selbst finde.

Vorwort

Ich liebe dich genauso, wie du bist. Schließe für einen kurzen Moment die Augen und fühle, was diese Aussage mit dir macht. Wie fühlt es sich an? Was meinst du, wo du heute stündest, wenn du dieses Gefühl seit deinem Anbeginn hier auf Erden gehabt hättest?

Es ist nie zu spät! Du kannst dich genau heute, jetzt, in diesem Moment, dafür entscheiden, dir diese Worte und das Gefühl, das damit einhergeht, zu schenken. Wenn du dein Herz für dich selbst öffnest, wirst du es in jeder Zelle deines Körpers spüren. Du wirst dich gehalten und getragen fühlen, unterstützt und liebevoll begleitet. Jeden Tag. Auf dieser Basis kannst du alles bisher scheinbar Unmögliche möglich machen.

Wenn du zu den Menschen gehörst, die bereits als Kind das Gefühl hatten, irgendwie „anders" zu sein, ist es gar nicht so unwahrscheinlich, dass du dich im Laufe der Jahre erst einmal von dieser bedingungslosen Liebe zu dir selbst entfernt hast – weil du doch so gerne dazu gehören wolltest. Und vielleicht hast du gerade jetzt dieses Buch in die Hand genommen, weil eine Sehnsucht in dir wach geworden ist, die danach ruft, dass du dein Herz wieder ganz weit für dich öffnest und dich auf die Reise zu deinem wundervollen Selbst machst. Dann ist dieser Wegweiser geanu richtig für dich! Liebevoll und Schritt für Schritt nimmt dich Seelen-Mentorin und Autorin Stefanie Ochs von Essential Healing mit auf die Reise zurück zu dir. Damit du wieder wahrnimmst, was für ein wundervoller Mensch du bist und dich erinnerst, dass du ein wunderbares Wesen mit ganz besonderen Gaben und einer außergewöhnlichen Mission auf Erden bist! Stefanie nimmt dich an die Hand, begleitet dich durch dunkle und helle Aspekte deiner Selbst dorthin, wo alles von dir richtig ist und sein darf. Erlaube diesem Buch, eine Zeitlang deine beste Freundin werden, die dich begleitet, die du um Rat fragen kannst, der du dich zeigen darfst und die dir immer genau das richtige Feedback gibt, damit du den nächsten Schritt in deine eigene Größe und in die all-umfassende Liebe zu dir selbst tun kannst.

Seit vielen Jahren unterstützt Stefanie hochempathische Menschen dabei, sich selbst voll und ganz anzunehmen, all ihren Anteilen zu begegnen, alles zu lieben und zu integrieren, was zu ihnen gehört: damit sie sich befreien von alten Mustern, Gedanken und Glaubenssätzen. Sich endlich wieder ganz fühlen, heil, verbunden mit sich selbst und allem, was ist. Für dieses Buch hat sie ihr umfassendes Wissen und ihre jahrelange Erfahrung zusammengetragen und so strukturiert, dass du Schritt für Schritt deinen Weg zurück in dein „Ich Bin" gehen kannst. Beflügelnde Fragen an dich selbst, beseelende Herzensbotschaften und inspirierende Aufgaben werden dich begleiten und deine Reiseroute so erleuchten, dass du bereits den Weg selbst genießen kannst.

Vorwort

Von Herzen bin ich dankbar, dass ich mit unserem kleinen Verlag dieses besondere Werk in die Welt bringen und sichtbar machen darf. Dass ich beim Wachsen und Gedeihen des Inhaltes dabei sein durfte, den Geburtsprozess des Buches unterstützen, es bei seinen ersten Schritten hinaus in die Welt begleiten. Und dass ich alles was ich kann dazu beitragen darf, dass diese wesentliche Botschaft so viele Herzen wie möglich berührt.

Ich wünsche dir, dass dieses Buch dich inspiriert auf deinem Weg zu dir selbst, dass es dich liebevoll leite und begleite, wenn es einmal finster werden sollte um dich herum und dir all das Licht aufzeigt, was bereits da ist – in dir und um dich herum. Damit du durch und durch glücklich bist, zur schönsten, strahlendsten Version deiner Selbst wirst, ein Leben in Fülle und bedingungsloser Liebe verbringen mögest und dazu beiträgst, mit uns gemeinsam den Himmel auf Erden zu gestalten.

Sei herzlich umarmt
von deiner Cornelia Victoria Harms

01

Einleitung

In meinem Leben gab es verschiedene Einschnitte. Einer davon war die Erkenntnis, das es mir emotional wirklich nicht gut ging. Zwar funktionierte ich und nach außen schien alles soweit zu laufen, doch innerlich fühlte ich mich zerrissen, unsicher, unzulänglich und emotional total überfordert mit all dem, was ich wahrnahm und fühlte. Niemand sollte die Wahrheit über mich erfahren. Ich verbarg selbst vor mir, dass ich mich für mich schämte. Es ging soweit, dass ich überzeugt war, dass mit mir etwas nicht stimmte und ich permanent damit beschäftigt war, mich so zu verhalten, wie ich glaubte, dass es von mir erwartet wurde. Gleichzeitig gab es ein klitzekleines Licht in mir, einen Funken, der mich aufforderte, mich mit meinen Gefühlen auseinander zu setzen und auf die Suche zu gehen nach dem, was sich jenseits meiner Idee, „nicht ganz richtig" zu sein, verbarg. Wer vermochte ich zu sein, wenn ich dieser Idee nicht länger folgen würde? Dieser Frage und die daraus gewonnen Einsichten möchte ich hier mit dir zusammen betrachten.

Wir leben in einer Gesellschaft, in der Gefühle als zweitrangig und nicht so wichtig angesehen werden.

Menschen, die viel fühlen und wahrnehmen sind empfindlich, stellen sich an, sind Mimosen oder Drama-Queens. Oft sind sie sich nicht mal bewusst, dass sie viel fühlen und wahrnehmen. Allen anderen um sie herum scheint es „besser" zu gehen?! Viele Menschen allerdings haben ihren „gesunden" Zugang zu ihren Gefühlen verloren. Diejenigen, die „viel" fühlen nehmen so ihre eigene Emotionalität als negativ, anstrengend und behindernd wahr. Aufgrund dieses „Irrglaubens" nehmen sie ihre Gefühle nicht ernst. Sie fühlen sich unverstanden, verloren und allein. Doch seien wir ehrlich, es konnte ihnen auch niemand zeigen. Wie war das bei dir zu Hause? Was geschah, wenn du wütend oder traurig warst? Wurde sich dir und der dahinter liegenden Ursache zugewandt? Oder warst du alleine damit und verstandest vielleicht gar nicht, warum jetzt auch noch mit dir geschimpft wurde? „Es scheint einen Plan zu geben", den andere nach ihren Vorstellungen gemacht haben und an den man sich vermeintlich halten sollte. Da passen Gefühle oft nicht so gut rein. Denn Gefühle brauchen Raum und Zeit. Dieser Raum hat dir vielleicht irgendwann gefehlt. Doch das heißt nicht, dass du dir diesen Raum jetzt nicht selbst geben und lernen kannst, die Antworten, die du so lange schon gesucht hast, in dir zu finden.

In meiner Praxis ist die Arbeit mit den Gefühlen, die oft auch als Seelen- oder Schattenarbeit, sowie als Arbeit mit inneren Anteilen assoziiert ist, immer mehr zu meinem Schwerpunkt geworden, weil ich gesehen habe, wie „falsch" Menschen sich oft fühlen und schwere emotionale Konflikte in sich tragen. Sophie (Namen geändert) ist so eine Frau: „Stefanie, nie hätte ich gedacht, dass ich vielfühlend und ein Empath bin. Danach hätte ich, bei der

Suche nach einer Lösung, nie geschaut." Meine Neugier war geweckt und ich fragte: „Nach was hättest du denn gegoogelt?" Woraufhin sie wie aus der Pistole geschossen antwortete: „Psychisch bekloppt!" Wir lachten herzlich darüber, wohl wissend, wie viel Ernst und auch Schmerz in dieser Aussage steckte! Hast du dich schon mal bei ähnlichen Gedanken wie Sophie ertappt?

Vielleicht hast du als Kind ähnliche Erfahrungen gemacht, in denen du dich emotional alleine oder vernachlässigt gefühlt hast, auch wenn sich sonst immer gut um dich gekümmert wurde und du versorgt warst. Vielleicht bist du immer wieder zurecht gewiesen worden, wenn du geweint hast oder du, aus Elternsicht, unbegründet wütend warst. Vielleicht warst du gerade voll vertieft in dein Spiel, voller Freude und Erfüllung, als plötzlich jemand etwas von dir wollte. Jetzt sofort. Vielleicht hat das nie jemand ausgesprochen, oder je so gemeint, doch du (wie viele andere auch) hast daraus gefolgert, dass sich zu freuen oder der eigenen Freude zu folgen nicht in Ordnung ist! Dies alles sind keine dramatischen Beispiele. Doch auch sie können auf empfindsame und analoge (mit dem Fokus ganz in ihrem Spiel versunken) Wesen, die Kinder nunmal in der Regel sind, bereits tiefe emotionale Eindrücke hinterlassen, die sie, wenn sie sich ihnen nicht irgendwann einmal ernsthaft zuwenden und hinterfragen, ihr gesamtes weiteres Leben beeinflussen und eben manchmal auch ganz schön sabotieren! So lernen wir früh, dass unsere wahren, inneren Bedürfnisse nicht so wichtig sind und im Widerspruch zu den „wichtigen Erfordernissen des Alltags" stehen. Es entsteht eine Lücke zwischen den eigenen Gefühlen, Wahrnehmungen und Bedürfnissen zu den Erwartungen und Anforderungen der Umwelt, bis hin zu schweren Loyalitäts-Konflikten zwischen den eigenen Bedürfnissen und den Bedürfnissen und Anforderungen der Eltern und des nahen Umfelds. So konditionieren wir uns quasi selbst unter dem „Vorbild" unserer Eltern, sowie diese es durch ihre Eltern übernommen haben, usw. Und damit sind wir noch lange nicht bei den Konditionierungen durch Kriegstraumata der Generationen vor uns. Es geht hier nicht um Schuld oder darum, das Schlechte in allem zu sehen. Ganz im Gegenteil. Es ist mir ein Anliegen, dir einen Weg zu zeigen, wie du deine Gefühle, deine tief eingeprägten Emotionen und Wahrnehmungen (wieder) als wichtige Wegweiser erkennen und annehmen kannst und so einen Zugang zu der inneren Gefühlswelt deines Unterbewusstsein findest. Erkenne die Wunden deiner Vergangenheit und lerne, wie du sie erlösen und neue Wege gehen kannst. Vor allem aber möchte ich dir zeigen, welche enorme Kraft und Stärke in deiner emotionalen Sensitivität und Fühligkeit liegen und was es für ein Segen ist, „viel zu fühlen". Es macht mich traurig, so viele Menschen zu sehen, die vollkommen abgeschnitten von ihren Gefühlen und somit auch von ihren Wahrnehmungen sind! Denn genau dieser Umstand macht uns schwach, verletzlich und unsicher. Dabei sind unsere Gefühle die Basis für ein gesundes Selbstbewusstsein und Selbstwertgefühl, das wir wiederum benötigen, um uns ein tief sinnhaftes, erfüllendes und glückliches Leben, basierend auf innerem Frieden, zu gestalten. Alles steht und fällt mit der Verbindung zu uns Selbst! Denn:

♡ *Deine Gefühle sind die Sprache deiner Seele.*

Wie wendest du dieses Buch für dich an?

Dieses Buch fast die Essenz vieler Konzepte zusammen, die ich über die Jahre kennengelernt habe und basiert vollkommen auf Erfahrungen, die ich in meinem Leben, als auch mit und durch die Arbeit mit meinen Klienten gemacht habe und den Einsichten, die wir gemeinsam daraus gewonnen haben. Bitte verstehe es nicht als Lehrbuch, sondern als eine Anleitung, deine eigenen Erfahrungen damit zu machen, sowie die Ereignisse deines eigenen Lebens auf neue Weise zu reflektieren und so neue Einsichten für dich und dein weiteres Leben zu gewinnen. Emotionen sind nicht logisch, doch folgen sie ihrer eigenen Logik. Wenn du dies für dich erkennst, hältst du den Zauberstab für dein erfülltes Leben in deinen Händen. Und zwar basierend auf deiner eigenen Herzensweisheit und nicht nacherzählt, sondern in Verbindung mit dir! Genau diese Lücke möchte dieses Buch für dich schließen. So findest du in diesem Buch drei wesentliche Wegweiser:

Merksätze, die dir einen goldenen Faden geben, dich immer wieder mit deinem Herzen und deiner Seele – mit deinem Fühlen – rückzuverbinden.

Aufgaben und Inspirationen in Form von Übungen, die du machen kannst, um mehr Leichtigkeit und Freude in dein Leben zu bringen und deine Seelenkraft zu aktivieren.

Fragen an dich selbst, die deine Selbstreflektion anregen und dich aus selbstzerstörerischen Gedankenmustern und Problembewusstsein in ein lösungsbewusstes Feld der Möglichkeiten bringen wollen.

Wenn du magst, lege dir ein Notizbuch für die Fragen und Aufgaben in diesem Buch an. Im Anhang findest du Links zu Meditationen und andere Inspirationen, auf die ich im Buch hinweise.

Möge dieses Buch dir dienen und dir helfen, dein Fühlen und emotionale Sensitivität als deine größte Ressource zu erkennen und anzuwenden. Denn wir leben in einer Zeit des Wandels, in der Menschen wie du, dringend dringend gebraucht werden!

02

Wer oder was wir sind

Mal ehrlich. Fühlst du dich manchmal wie ein Alien auf der Erde und, würdest du deinen Eltern nicht so ähnlich sehen, wärst du bestimmt adoptiert?! Hast du jemals gedacht: „vielleicht gehöre ich gar nicht hierher" und es fällt dir schwer, dich mit den Menschen, die dir eigentlich wichtig sind, wirklich verbunden und zugehörig zu fühlen? Vielleicht hast du nie in diese Richtung gedacht, aber im Nachhinein kommen dir immer häufiger Gedanken, dass du vielleicht gar nicht das Leben lebst, das du dir in jungen Jahren erträumt hattest? Wo sind sie hin, all die wilden Vorstellungen, Träume und Visionen von einem glücklichen und freiem Leben? Was ist passiert? Wann sind sie dir plötzlich abhanden gekommen? Oder war es ein schleichender Vorgang und du bist aufgewacht in einem Plan, den scheinbar irgendwer für dich zurecht gelegt hat?! Soll das deine Bestimmung sein?

Während in unserer Gesellschaft immer noch Daten, Fakten, Zahlen und leistungsorientiertes Denken wie „höher, schneller, weiter" zählen, haben empathische, vielfühlende Menschen ihren Schwerpunkt auf anderen Werten und Bedürfnissen. Sie sind häufig in helfenden Berufen, in der Pflege, in therapeutischen, medizinischen Berufen, in Sozialdiensten, oder auch als gute Fee im Büro. Sie sind sehr sozial und loyal und „das Wohlergehen der anderen" steht in ihrem Fokus. Damit es anderen nur besser geht, würden sie fast alles tun und dafür alles andere stehen und liegen lassen. Ja, sie vergessen dabei sogar sich selbst! Ihnen ist dabei oft weniger wichtig, was sie arbeiten (also in welchem Bereich), sondern, dass es den Menschen in ihrem Umfeld gut geht oder „die Chemie" passt. Da Harmonie ihnen so wichtig ist, gehen sie dafür auch gerne Kompromisse ein und stecken viel zurück! Wenn sie kein soziales Umfeld oder eine Arbeitsstelle finden konnten, in das sie sich gut integrieren konnten, neigen sie zu Rückzug, bis hin zu Isolation, weil sie all ihre Wahrnehmungen nicht einordnen können. Sie haben hohe Ideale und glauben an eine bessere Welt. Doch gleichzeitig scheint die Welt ein gefährlicher Ort zu sein und all das Leid, die Ungerechtigkeit nimmt ihnen die Luft zum Atmen. Sie verstehen nicht, was das Ganze soll und wie um alles in der Welt sie das alles schaffen sollen? „Wie soll ich die Welt retten?" Sie fühlen sich überfordert und gleichzeitig unzulänglich. Dabei wollen sie doch eigentlich nur in Ruhe und Frieden ihr Leben leben.

Dieser hohe Anspruch und „eherne" Absichten bringen noch ein paar weitere Fallstricke mit sich. So neigen Empathen dazu, Situationen durch ihre „guten Absichten" auch gerne mal zu verschlimmbessern und Konflikte zu produzieren, obwohl sie genau das Gegenteil davon erreichen wollten. Dann stehen sie sich und ihrem Glück oft selbst im Weg, weil sie nie gelernt haben, dass sie einen anderen Weg brauchen, um sich und ihr wahres Potenzial zur Entfaltung zu bringen.

Die Weisheit des Lebens und ihre fast unstillbare Suche nach Wahrheit, Sinn und Frieden, bringt es mit sich, dass das Leben von Empathen meist auch ihr eigener Heilungsweg ist.

Das, was diese Menschen sich so sehr wünschen, dass es ihnen von jemand anderem gegeben würde und die Veränderung, die sie sich im Außen wünschen, dürfen sie zunächst in sich selbst erkennen und verwandeln. Dazu brauchen sie die Bereitschaft, sich sich selbst zuzuwenden und das, was sie anderen so leicht zur Verfügung stellen, oft weit über ihre eigenen Grenzen hinaus, zuerst einmal für sich selbst in Anspruch zu nehmen.

Vielleicht fragst du dich, wie viele andere feinfühlige, vielwahrnehmende Seelen auch: „Wieso läuft es bei allen anderen scheinbar besser oder einfacher als bei mir?" „womit habe ich das nur verdient" oder „was soll ich denn noch alles tun, um endlich als die „gesehen und anerkannt" zu werden, die ich eigentlich wirklich bin?"

Glaube mir, diese Gedanken kannst du sogar dann haben, wenn du ein nach Außen hin scheinbar perfektes, erfolgreiches Leben hast. Vielleicht konntest du durch deine Leistungen glänzen und hast perfekt gelernt, einem Bild zu entsprechen, das dir Anerkennung und genügend Geld auf das Konto gebracht hat. Doch was ist, wenn du dich nach Innen, deinen wahren Gefühlen zuwendest – gibt es da vielleicht die Angst, dann alles zu verlieren? Nicht alle hochempathischen Seelen sind arm und „kriegen nichts" geregelt. Es gibt einfach nur verschieden Ausprägungen und die Frage, in was für einem Umfeld der Verbundenheit oder des Getrennt-Seins wir aufgewachsen sind. Je mehr wir die „Konditionierungen und Programmierungen" der Welt um uns herum als wahr angenommen haben, desto besser werden wir uns eingefügt bzw. angepasst haben. Aber wirklich gut und erfüllt fühlt es sich so und so nicht an. Es scheint etwas Elementares in deinem Leben zu fehlen. Doch wie du das finden sollst, ist dir bisher ein Rätsel. Und genau darum bist du jetzt hier gelandet.

Weil deine Seele dich geführt hat und du, ob es dir bewusst ist oder nicht, diese Lücke zwischen deinem Außen und deinem inneren Gefühl endlich schliessen möchtest.

Diese klaffende Wunde deines Lebens, diese Trennung, die du lange gut bedeckt und versteckt hast, droht aufzubrechen, und das macht dir Angst. Und weißt du was? Das ist genau gut so! Denn jetzt ist dein Schmerz groß genug, um dich wirklich mit dir und dem „Wer und Was du wirklich bist" auseinander zu setzten. Du kannst dich selbst ganz neu entdecken und kennen lernen. Stell dir vor: du verliebst dich in dich selbst. Welche Bereicherung stellst du für dich und dein Umfeld dar, wenn du endlich dich selbst siehst und als die anerkennst, die du wirklich bist, statt dich immer klein zu machen und dein inneres Strahlen, aus Angst vor Ablehnung, zu verbergen.

Lange genug hast du dich gedimmt, um in den Rahmen anderer zu passen!

Ja, du hast dich perfekt angepasst an eine Welt, in der nur Leistung und höher, schneller, weiter,... zählen. Das ist dir schon immer aufgestoßen und doch hast du dich verdammt gut an diese Welt angepasst, denn das hat dir lange dein Überleben in dieser Welt gesichert. Vielleicht bist du im Herzen auch immer noch das kleine, gute Mädchen oder der brave Junge, der immer noch auf die Anerkennung und das Wohlwollen der Eltern wartet. Doch in all deinen Bemühungen, in dieser Gesellschaft zu bestehen, hast du fast vergessen, was dein wahres Wesen ausmacht und welche Qualitäten und Werte es sind, die diese Welt so dringend benötigt in dieser Zeit der Ungewissheit und des Wandels.

Vielleicht hast du lange gefragt, warum du dein Licht nicht mehr zum Strahlen bringen kannst. Du weißt doch all die Dinge, die dir wichtig waren, kennst die Ideale, die du in dir fühlst, und du verurteilst dich dafür. Doch was, wenn du durch all die Zeitalter hindurch diese Flamme in deinem Inneren vor dem Erlöschen bewahrt hast? Wenn du es geschafft hast, bis heute eine tiefere, innere Wahrheit zu schützen und zu behüten, damit sie jetzt, in dieser wichtigen Zeit, zu ihrer vollen Entfaltung kommen kann? Was, wenn du kein Zufall, sondern für diese Zeit gemacht und hierher gekommen bist? Nur Spinnerei? Idiotie? Größenwahn? Vielleicht. Aber was, wenn nicht? Dich nicht zu leben, bedeutet, dich selbst zu verleugnen. Teile von dir „abgeschnitten" zu haben, damit dir nicht noch Schlimmeres widerfährt. Doch was, wenn du nur durch diese „Verleugnung" heute und jetzt hier sein kannst, um deine Flamme – die reine vitale Lebensenergie ist – zurück in diese Welt zu bringen?! Es ist ein Prozess, der dich zurückführt in dein wahres Sein, in deine Ganzheit.

Auf diesem Weg darfst du dich von all dem befreien, das zwischen dir und deinem wahren Sein steht.

All die Geschichten, die du dir über dich selbst erzählt hast, die Konditionierungen und Programmierungen, die du erfahren hast. Dabei entdeckst du die Schattenaspekte deiner Selbst, Dinge aus der Tiefe deines Seins, vor denen du dich bisher gefürchtet hast. Doch genau sie waren Teil des Plans. Und nun ist es Zeit, diesen Kellerkindern und ungeliebten Anteilen neu zu begegnen, ihnen zu danken für ihren Dienst. Sie waren nie da, um dich zu zerstören, sondern haben dein Überleben gesichert. Und ja, es macht nichts, wenn du jetzt glaubst, ich sei größenwahnsinnig oder mit dir stimmt was nicht, wenn du in dir fühlst, das hier was dran sein könnte und du Angst hast, dass ich dir einen „Bären aufbinde"?! Doch stell´ dir vor, es wäre so. Denn bis jetzt war deine Suche immer vergeblich. Habe einfach folgende Fragen in deinem Herzen: Was passiert, wenn ich mich für mich öffne und dem, was ich in mir spüre, einmal wirklich ernsthaft nachgehe und MIR folge, statt dem, was mir von Außen aufgedrückt wurde? Was, wenn es keine Selbstsabotage war, sondern eine liebevolle Erinnerung, dass ich diejenige bin, nach der ich gesucht habe und all die gefühlten Blockaden und Hindernisse Ausdruck der Liebe, Heilung und Güte des Göttlichen/des Lebens/der Liebe an mich selbst sind?

Öffne deinen Geist und erlaube dir, deinen Verstand mal in den Urlaub zu schicken. Versorge ihn mit einem Drink auf einem Liegestuhl am Strand oder auf der Wiese und lass ihn auf die Weiten des Meeres oder in die ungeahnten Möglichkeiten des Sternenhimmels schauen. Lass los und nimm an, einmal nichts ändern zu wollen oder zu müssen und einfach nur zu schauen, was da ist und was vielleicht gar nie wirklich zu dir gehört hat? Wäre das nicht wunderschön und einfach nur entlastend? Gehe mit mir auf eine innere Entdeckungsreise und finde heraus was passiert, wenn du deinen inneren Gefühlen und Wahrnehmungen traust und ihnen folgst.

Tauche ein in dieses Buch mit den Augen deines Herzens. Lass Dich sensibilisieren für eine neue Sicht auf dich und auf das Leben, wie du es bisher gekannt und „bewertet" hast.

Dies ist kein Aufruf, nichts mehr kritisch zu betrachten und zu hinterfragen. Doch frage dich: Wer kritisiert da – Wer oder Was hinterfragt? Ist es mein Verstand, mein Kleines Ich (darauf gehen wir später noch ein) oder ist es gar meine Seele, die mich führt und eine tiefe Weisheit in mir, die in Resonanz geht mit einer größeren Wahrheit, die sich meinem Verstand entzieht?

Hier schließt sich der Kreis. Wir haben einst den Verstand auf den Thron gesetzt, um unser Kleines Ich zu schützen und so unser wahres Selbst (das Herz) bestenfalls zum Diener degradiert. Aber wie oft übergehen wir uns und stellen unseren Verstand und Intellekt über unsere Seelenintelligenz und ihre Weisheit „über unsere tiefen, wahren Gefühle"? Ist das nicht der eigentliche Größenwahn und die Krankheit dieser Zeit? Wir spielen Gott und verleugnen das Göttliche in uns gleichzeitig.

Dein Herz ist der Türöffner in deine Liebe. Diese Liebe ist die Mutter deines kleinen, schreienden Verstandes. Nimm ihn an die Hand, denn alles, was du gesucht hast, befindet sich in dir. Es geht nicht darum, jemand zu werden, sondern loszulassen wer/was du nicht (mehr) bist. Dann rückt alles wie von selbst an seinen rechten Platz.

Fangen wir also mit der zentralen Frage an:
Wer und Was bist du wirklich und Wer und Was bist du nicht (mehr)?

Schließe einen Augenblick deine Augen. Da das beim Lesen bekanntlich nicht von Vorteil ist, zumindest noch nicht – denn es gibt längst Kinder und Menschen, die tatsächlich mit verbundenen Augen lesen und spielen können – lies noch ein bisschen weiter und schließe dann, wenn dieser Abschnitt fertig ist, für einen Moment deine Augen und fühle diesen Worten nach.

In unserer westlichen Kultur sind wir besonders darauf konditioniert und geprägt, dass wir unser Körper sind. Dass alles, was wir sehen und angreifen können, real und somit echt ist und alles andere Illusion. Doch wie groß der Irrtum ist, unser Sein darauf zu reduzieren, entzieht sich noch viel zu oft unserem Bewusstsein. Gerade jetzt singt hier eine Amsel ein wundervolles Lied für mich. Sie dringt in mich ein. Ich höre sie auf einer Frequenz, die ich weder greifen noch anfassen kann und doch ist sie real. Und wenn du jetzt hier bei mir säßest, würdest du sie ebenfalls hören. Vielleicht hörst du sie genau jetzt sogar in deiner Vorstellung. Gleichzeitig bleibt die Frage: Hören wir den gleichen Gesang? Und was löst es in dir und in mir aus? Was verbinden wir damit? Mit ziemlich großer Wahrscheinlichkeit sind das unterschiedliche Emotionen. Wieso stellen wir nicht in Frage, wie ein Radio funktioniert, die Fernbedienung beim Fernseher oder das Handy? Weil wir es akzeptiert haben. Genauso nehmen wir hin, dass wir ein Gehirn haben, das Gedanken erzeugt und speichert, doch was das Bewusstsein selbst ist, ob es im Gehirn erzeugt wird oder das Gehirn vielleicht nur darauf zugreift, ist wissenschaftlich nach wie vor gar nicht geklärt. Ebenso diskutieren viele immer noch darüber, ob es eine Seele überhaupt gibt... Und da kommst du ins Spiel. Deine Gedanken und Gefühle. Du hältst sie vermutlich für real, weil du ja denkst und fühlst. Richtig? Und doch sind sie nicht greifbar. Zumindest dann nicht, wenn das Gefühl oder der Gedanke plötzlich wieder verflogen und einfach weg zu sein scheint. Auch deinem Gegenüber kannst du nicht beweisen, dass sie gerade da waren oder welche Qualität sie hatten. Was du aber kannst, ist ihnen Ausdruck geben. Du kannst sie beschreiben, ihnen eine Form geben und für den anderen erlebbar werden lassen. Du kannst Gedankenformen beschreiben und den anderen dazu bringen, die Kraft seiner Vorstellung zu aktivieren. Wir alle tun das ganz selbstverständlich. Doch setzen wir diese Kraft und Energie nicht bewusst ein, oder wenden sie gar gegen uns! Was passiert also, wenn es die Kraft unserer Vorstellung ist, die unser Leben gestaltet? Und mit welchen Überzeugungen, Einstellungen und Konditionierungen hast du bisher in deine Welt geschaut und was wirst du sehen, wenn du mit neuen, heute besser zu dir passenden Überzeugungen und Einstellungen in die Welt schaust? Kannst du es fühlen?

Deinen Inneren Raum erspüren

(Den Link zur folgenden Meditation findest du im Anhang.)

Ich lade dich jetzt ein, deine Augen zu schließen und in dich hinein zu spüren. Folge ein paar Atemzüge nur deiner Atmung. Öffne dein inneres Auge für eine neue Sicht. Was nimmst du wahr? Lass dir Zeit. Welche Geräusche gibt es? Nimm sie wahr, doch bewerte sie nicht. Sie können dich nicht ablenken. Nur deine Wahrnehmung verstärken. Ist da eine Art innerer Raum? Vermutlich ist da Dunkelheit. Vielleicht auch Farben, bunte Formen oder Lichtblitze. Kannst du deinen Herzschlag spüren? Das Rauschen deines Blutes durch deine Adern? Dein Ein- und Ausatmen? Und da ist dieser innere Raum. Lass dich in diesen Raum hinein sinken. Tiefer. Noch tiefer. Spüre diesen inneren Raum. Kannst du die physischen Grenzen deines Körpers erahnen? Ist das deine Grenze? Wirklich? Bist du sicher? Spüre in den Raum um dich herum. Atme in diesen Raum. Wie groß bist du? Wie verändert sich der Raum um dich herum? Du weißt vielleicht: ja, ich sitze auf einem Stuhl. Da ist der Tisch, die Vase, das Buch... Wo sind die Wände? Der Boden, die Decke?! Dehne dich aus. Atme hinein. Wie groß bist du, wie weit? Wie fühlt es sich an, deinen Körper zu begreifen als das was er ist? Dein Tempel. Ein Gefäß. Das, was du bist, ist unsichtbar. Es ist ein größerer Raum. Tiefer. Weiter. Offener. Gelöster. Freier.

Wir können diesen inneren Raum auch dein Energie-Selbst nennen, welches deinen Körper umgibt und durchdringt. Dein Körper ist lediglich der sichtbare Aspekt davon. Du besitzt einen Körper, doch du bist nicht dein Körper.

?
Frage dich nun: Wer oder Was bin ich in meinem wahren Selbst – jenseits meiner Konditionierungen?

Konditionierung bedeutet, wie wir auf die Bedingungen und Beschaffenheit unseres Umfelds (Reize) reagieren und welche Schlüsse wir daraus ziehen. Ob diese Schlüsse wahr sind oder nicht, richtig oder falsch, hinterfragen wir in der Regel dann nicht mehr. Ein Beispiel: Ich war in der Schule nicht besonders gut in Deutsch, besuchte den Legasthenie-Förderunterricht und konnte mich nicht richtig mit der Theorie der Grammatik anfreunden. Daraus entwickelte sich in mir die Überzeugung: Ich bin eine Niete in Deutsch. Ich kann nicht schreiben. Als ich begann Blog-Artikel zu schreiben, war das ein Riesenkraftakt, denn jedesmal musste ich die Überzeugung überwinden: ich kann ja gar nicht schreiben! Reiz: Schule/Grammatik = negative Reaktion: schlechte Note = Überzeugung: „ich kann das nicht!" Du verstehst sicher, dass mein Kleines Ich, die kleine Stefanie, völlig außer sich war, als ihre erwachsene Version auch noch auf die Idee kam, ein Buch schreiben zu wollen? Und dass es keine dramatischen, traumatischen Erlebnisse braucht, um uns selbst das Leben schwer zu machen? Warum tun wir nicht einfach, wozu wir Lust haben, was uns ruft? Das liegt daran, dass diese Konditionierungen aus der Tiefe unseres Unterbewusstseins wirken. Um sie zu verändern, müssen wir sie überhaupt erst mal sichtbar werden lassen. Und das werden wir jetzt tun.

?
Frage dich: Was macht mich besonders aus? Was ist mir richtig wichtig, für mich, in meinem Leben? Gibt es eine oder mehrere bestimmte Qualitäten,

Talente, Gaben, Fähigkeiten, die ich (oder andere) besonders an mir schätzen? Lebe ich diese Qualitäten schon vollumfänglich? Wieviel Raum gebe ich diesen Qualitäten bereits in meinem Leben auf einer Skala von 1 – 10?

Nimm dir Zeit für diese Fragen, schreibe sie auf, denn sie sind dein Fundament. Du kannst immer wieder hierher zurück kommen, deine Erkenntnisse vertiefen und erweitern. Aus Erfahrung weiß ich, wie brüchig und manchmal sogar vergiftet unser Fundament (der Boden, auf dem wir gehen) sein kann. Darum ist es so wichtig, dir deiner eigenen Qualitäten, Fähigkeiten, Talente und Gaben wirklich bewusst zu werden. Davon hängt ab, wie sicher du dir deiner Selbst bist, welchen Wert du dir und deinem Sein beimisst und wie erfüllt und erfolgreich du sein kannst. Wenn du dich und deine Talente und Qualitäten nicht sehen kannst oder sie klein machst, wirst du dich in vielen Situationen unsicher fühlen, weniger wertvoll als andere und vermutlich über ein geringes Selbst-Bewusstsein und wenig Vertrauen in dich verfügen. Du bist darauf angewiesen, dass dir von Außen jemand sagt, wie gut du bist. Doch was, wenn da niemand ist, der das tut, alles als selbstverständlich angesehen oder immer noch mehr verlangt wird? Denn das funktioniert ja so wunderbar. Auf dich kann man zählen! So schnell sind wir mitten drin im Thema: all die Konditionierungen, die Glaubenssätze und Überzeugungen über uns selbst, die aus diesen Programmierungen „gewachsen" sind. Denn genau diese stehen einem liebevollen, urteilsfähigen Blick uns selbst gegenüber im Weg. Sie gehen Hand in Hand mit unserem Kleinen Ich. Ihnen werden wir uns später widmen. Hast du dich je gefragt: „Wie denke ich eigentlich über mich selbst?!" !

Mach dir eine Liste: Was versagst du dir alles, weil du glaubst, dass du es nicht kannst oder nicht darfst? Dass es zu „unproduktiv und unwichtig" ist? !

Welche Ängste, Sorgen stehen dahinter? Sind das wirklich deine? Sind sie real oder lediglich Annahmen?

Für gewöhnlich sind wir viel zu sehr im Außen (mit anderen oder wie sie denken könnten) beschäftigt und suchen dort nach Antworten, die uns bestätigen sollen. Selbst, wenn wir wissen, dass diese Antworten nur in unserem Inneren zu finden sind. Ich war 9, als ich mich unbedingt taufen lassen wollte. Ich nahm, obwohl ich nicht getauft war, am evangelischen Religionsunterricht teil und war geradezu elektrisiert von den Geschichten, die ich über Jesus hörte. Das wollte ich auch. Und ich wollte „ihm" nah sein. Da lag doch eine Taufe nahe oder? Natürlich dauerte es nicht lange bis ich merkte, dass die Taufe mich gar kein Stück näher brachte. Im Gegenteil. Plötzlich waren Dinge verpflichtend, voller Moral und Dogmen. Das sollte die bedingungslose Liebe sein, die Jesus verkörperte und nach der ich mich so sehr sehnte? Die Antworten, die ich suchte, fand ich ebenfalls nicht. Das machte mich wütend, ich war enttäuscht und traurig zugleich. Erst mal war ich fertig. Mit der Kirche und mit Gott... Natürlich war das erst der Beginn einer Reise, die bis heute andauert. Wovon ich jedoch überzeugt bin, ist:

♡ *Willst du deine Seelenaufgabe leben, musst du dir selbst begegnen!*

Es ist nicht „da draußen" zu finden, es ist in dir! Dein Weg dorthin ist dein Leben und alles, was dir bisher widerfahren ist, sind wichtige Aspekte und Hinweise für dich. Ob das gute (positive) oder schlechte (negative) Lebenserfahrungen sind, ist erst mal irrelevant. Halten wir solange fest:

♡ *Alles, was dir bisher begegnet ist, war und ist „für dich" da und niemals gegen dich!*

Fassen wir zusammen: „Wenn du also nicht „ausschließlich" dein Körper bist und es Dinge gibt, die sich deiner materiell geprägten Sichtweise entziehen, *„Wer oder Was" bist du dann wirklich? Und wie verändert diese Idee deine bisherige Weltsicht und auf dich selbst?*

?

Jeden Tag siehst und nimmst du weit mehr wahr, als dir bewusst ist. Genau genommen liegen bis zu 95% der Wahrnehmungen deines Bewusstseins im Verborgenen. Im großen Feld deines und unserer aller Unterbewusstem! Selbst, wenn ein „Hellseher oder Wahrsager" dir tolle Dinge über dich sagen könnte, sind sie „wertlos", wenn du sie nicht selbst sehen und wirklich annehmen, also „zu dir nehmen" kannst. Es heißt: Du bist nicht der Nabel der Welt. So wurde es uns beigebracht. Doch die Welt ist so, wie du sie durch deine Brille (Sichtweise, aufgrund deiner Erfahrungen) siehst. Und somit dreht sich deine Welt eben doch nur um dich! Und alles, was du tust, hat den Sinn, dich besser oder sicherer zu fühlen, als du es in Wahrheit (dein Kleines Ich) tust. Also, wieso beginnst du nicht ab heute, mit einem unbedingt bedingungslosen und vor allem liebevollen, würdigenden und wohlwollenden Blick auf dich selbst? So wie du vielleicht einem kleinen Kind beim Spielen (oder deinen Haustieren) zuschauen würdest, da kommst du ja auch nicht gleich mit der „Bewertungskeule" daher, oder? Bisher warst du es gewohnt, dich mit den Augen deiner Konditionierungen (des materiellen Bewusstseins von Außen) zu betrachten.

Ist es nicht Zeit für eine radikal neue Sicht auf dich und dein Leben? Wer könntest du sein, wenn du nicht die ganze Zeit gegen dich, sondern ab sofort für dich arbeiten würdest?

?

03

Ich Bin

Bevor wir weitergehen, noch ein Hinweis zu der Macht der Sprache. „Ich Bin" ist die machtvollste Aussage im Universum. Alles was nach „Ich Bin" kommt, ist für dich bindend, also Identifikation und Manifestation! Es ist enorm wichtig und hilfreich, dir hierfür ein Bewusstsein zu entwickeln. Wenn du beispielsweise oft Gedanken hast und aussprichst: Ich bin zu doof. Ich bin aber auch schusselig. Ich bin krank. Ich bin faul. ... Dann sind das Aussagen, die dich binden an die Überzeugung, dass es so ist. Sie sind und werden zu deiner Realität. Falls du jetzt denkst: naja, es ist ja schon meine Realität, ich bin ja schließlich krank etc. sorgst du auf diese Weise dafür, dass es sich wieder und wieder realisiert... Natürlich gilt das ebenfalls für Aussagen wie: ich bin gesund. Ich bin schlau. Ich bin ein Genie. Ich bin erfinderisch.... Es macht einen Unterschied, wenn du ab sofort anstatt „ich bin krank" sagst: „ich fühle mich krank oder ich habe dieses oder jenes Symptom und schaue jetzt mal, was das Ganze mir sagen will", veränderst du nicht nur deine Perspektive sondern wirst auch handlungsfähig und bleibst nicht Opfer der Situation. Vielleicht denkst du jetzt „naja, aber es ist ja da und es tut trotzdem weh... „Ja, das mag sein". Du hast ein Problem. Aber du bist nicht das Problem! Auf diese Weise trittst du aus der Identifikation heraus. Was du ebenfalls tun kannst, ist, dich zu fragen:

? *Welchen Nutzen habe ich von oder durch das Symptom/Problem? Was bringt es mir? Erlaubt es mir, endlich mal Nein zu sagen?*

Opferst du dich ständig für andere auf und stellst dich zurück? Darfst du nur dann für deine Bedürfnisse einstehen, wenn es dir wirklich nicht gut geht? Gibt es dir ein gutes Gefühl, wenn sich endlich mal jemand um dich kümmert und du mal deine Ruhe hast, weil „nur so" keiner was von dir will? Wirst du sofort unruhig, weil du dich unnütz fühlst? Oder nährt es gar deine Überzeugung: nicht mal, wenn es mir schlecht geht ist jemand für mich da... Bestätigst du damit dein Selbstbild oder die Überzeugung: „Keiner ist für mich da?"

Dein inneres Selbstbild ist also der Dreh- und Angelpunkt im Umgang aller Erfahrungen in deinem Leben und der Rückschlüsse, die du daraus ziehst. Diese wiederum, sind die Grundlage für deine Entscheidungen und welche Resultate diese hervorbringen. Das bedeutet: Jedes Resultat ist ein Ergebnis deiner Gedanken und Überzeugungen über dich selbst. Es ist ein „Feedback", das dir sagt: Wie denke ich wirklich über mich?

Dein konditioniertes Ich (oder Kleines Ich) ist, was du über dich selbst glaubst und womit du identifiziert bist. Und das ist der Teil, auf den wir uns bisher in diesem materialistischen, darwinistischen Weltbild bezogen haben.

Also das Maß dessen, was wir für möglich halten! Wenn du also jemals das Gefühl hattest: „Da muss es doch noch mehr geben?", oder vielleicht auch schon Gewissheit darüber hast, aber dennoch unsicher bist, wie dir diese Tatsache wirklich helfen kann, ein besseres, glücklicheres Leben zu leben, dann wirst du hier viele weitere Impulse und Inspirationen für deine eigenen Antworten finden.

Schreibe dieses „mehr" einmal auf: was ist dieses „mehr" für dich? Woran spürst du es? Konflikte entstehen meist aus genau dieser Diskrepanz. Wir finden keinen Bezug im Außen zu den Dingen, die wir im Inneren fühlen und wahrnehmen! ?

Du und deine Überzeugungen über dich sind der Schlüssel für die Erfahrungen, die du machst!

Neue Erfahrungen bringen neue Überzeugungen hervor. So kannst du nach und nach dein Bild über dich mit neuen, wohlwollenden Überzeugungen anpassen.

Erinnerung Meditation: *Falls du bisher die obige Meditationsübung zum Spüren deines inneren Raumes noch nicht oder nur halbherzig gemacht hast, dann hole das bitte nun nach! Habe nicht zu große Erwartungen an dich (auch das ist Härte gegen dich selbst), sondern öffne dich einfach für eine neue Sicht und neue Möglichkeiten für dich.* !

Die Welt ist voller Erfahrungen, ohne dass wir sie erklären oder beweisen können/müssen. Und genau das ist das Besondere daran. Du hast bisher gelernt, dass du deiner Wahrnehmung, deinen Gefühlen nicht (vollkommen) trauen kannst. Schlimmer noch, vielleicht erzählst du dir selbst, dass deine Wahrnehmungen Humbug oder Spinnereien seien; deine Gefühle nur Gefühlsduseleien, oder du einfach zu empfindlich seist. Doch wenn du einmal begonnen hast, eine Erfahrung für dich zu machen, dann öffnest du dich für einen neuen „größeren" Raum, ein Feld voller Möglichkeiten. Ein Universum, in dem Alles enthalten ist. Dann macht auch die Aussage von Jesus vielmehr Sinn, als er sagte: „Die ganze Welt steckt in einem Sandkorn."

♡ *Du bist die Welt und die Welt ist in dir.*

Dr. Joe Dispenza beschreibt in seinem Buch *Ein Neues Ich*, das im Koha-Verlag 2012 erschienen ist: „die „neue" Quantenversion des Atoms besagt, es bestehe zu 0,00001% aus Materie und zu 99,99999 aus Energie". Wir sind also gar nicht so fest, wie wir bisher glaubten zu sein. Und diese Tatsache kannst du erfahrbar machen und sie spüren. Allein das hat eine tiefe Auswirkung auf unser gesamtes Weltbild. Wir stehen mitten in einem Paradigmenwechsel. Dieser findet bereits statt. Die gesamte Matrix unseres kollektiven Bewusstseins verändert sich gerade. Menschen erwachen und hinterfragen das, was bisher als „Normal" anerkannt und akzeptiert war. Und das ist gut so! Nur weil uns bestimmte Konzepte und Systeme einmal gedient haben und „gut" waren, bedeutet das nicht automatisch, dass sie es immer noch sind. Was uns in diesen Jahren 2020/2021 deutlich gespiegelt wurde und derzeit noch wird.

? *Wer auch immer du gestern noch gewesen bist, frage dich immer wieder: „Wer möchte ich heute sein?"*

Lasse dich inspirieren und schreibe dir eine „Ich Bin" Liste: Ich bin wertvoll. Ich bin Güte. Ich bin Liebe. Ich bin genug. Ich bin Freude. Ich bin das Leben. Ich bin reich. Ich bin gesund. Ich spüre mich. Ich nehme mich an, so wie ich bin. Ich bin klug. Ich bin wach. Ich erkenne und folge meiner Wahrheit. Ich bin gut, so wie ich bin. Ich liebe und ich bin geliebt. Ich verstehe und sehe mich. Ich bin hier. Ich bin frei. Ich bin ….

Schreibe alles auf, was dir einfällt und was dir wichtig erscheint. Du kannst diese Liste täglich erweitern. Schaue sie dir mindestens 1x jeden Tag an und lese sie dir, am besten sogar laut, durch. Du wirst sofort spüren, welche Sätze du leicht sagen kannst und wo du dir selbst noch nicht glaubst. Das ist kein Fehler, das ist eine wichtige Information für dich, die du im Verlauf des Buches besser verstehen, einordnen und, wenn du möchtest, erlösen lernen wirst.

04

Fühle ich mehr

Lass uns zunächst mal schauen, was es bedeutet, eine hochempathische Seele bzw. emotional sensitiv zu sein und viel zu fühlen. Mit 27 und als gerade frisch zugelassene Heilpraktikerin, lernte ich während einer Fortbildung eine Kollegin kennen, die mich sehr faszinierte. Lilo war „so anders" als alle Menschen, die ich bis dato kannte. Sie lebte einfach ihre Talente und sprach völlig natürlich über „ihre Fähigkeiten". Meine erste Session bei Lilo buchte ich aufgrund einer Erfahrung mit einer mir unbekannten Frau, die plötzlich und unangemeldet in meiner Praxis auftauchte. Sie stellte sich als Heilerin, auf der Suche nach Kooperationen, vor. Ihre gesamte Ausstrahlung war mir suspekt und irgendwie beunruhigend, doch ich konnte es „nicht fassen". Sofort fiel mir Lilo ein, die sich doch mit Energien auskannte. Ich rief sie an und machte mich ein paar Tage später auf die 3 stündige Fahrt zu ihr hin.

Es war so viel mehr als eine Session. In diesen Stunden lernte ich mich selbst neu kennen. Wir sprachen über Gott und die Welt und so viele Dinge, die sie ganz einfach aussprach. Ich hatte dies so lange in mir gefühlt, nur keine Worte dafür gefunden, weil mir bis dato einfach die Resonanz in meinem Leben dafür fehlte. Es war wie „nach Hause" kommen. Ich ließ mich von ihr in die Energiearbeit einführen und lernte, mir und meinen Wahrnehmungen und Gefühlen einen neuen Raum zu geben. Plötzlich waren meine großen Bedenken und die Frage, ob mit mir vielleicht was nicht in Ordnung sei, überhaupt kein Thema mehr. Das war für mich ein vollkommen neues Erleben und es veränderte meine gesamte Sicht auf mich und mein Leben. Natürlich durfte ich auch vieles loslassen und ich möchte nicht behaupten, dass es immer leicht war auf diesem Weg oder ich jetzt fertig wäre.... Auf ein paar Erfahrungen, die dieser Weg mit sich brachte, hätte ich auch gerne verzichtet.... doch gleichzeitig waren genau das die Dinge, die mich mit meiner wahren Essenz und meinem göttlichen Wesenskern direkt in Berührung gebracht haben.

Am Ende gibt es immer nur ein JA oder NEIN zu mir. Für mich oder gegen mich.

Zu meinen wichtigsten Lernthemen gehörte es, zu verstehen, dass ich anderen viel mehr vertraute als mir selbst. Ich hatte kaum Selbstbewusstsein und dachte, andere würden wohl besser wissen, was gut und richtig für mich ist. Ich sagte also permanent NEIN zu mir, zu meinen Wahrnehmungen und dem was ich eigentlich in mir fühlte. Weil das, was ich fühlte, ja nicht wahr war... Das brachte mich in eine Situation, die mich im wahrsten Sinne fast ums Leben gebracht hätte. Es war die dunkelste und längste Nacht meines Lebens und ich wusste nicht, ob und wie ich aus dieser Nummer rauskommen würde. Es war das erste Mal in meinem Leben, in der ich einer, für mich, so empfand ich es, Autoritätsperson ein klares Nein, eine Absage erteilte.

(Das machte man in der Welt aus der ich kam einfach nicht.) Es war das erste Mal, dass ich mein Nein zu etwas über die Erwartungen und Forderungen des anderen stellte. Und ich wußte nicht, was dann passieren würde. Vielleicht klingt das dramatisch. In dieser Nacht wurde mir klar, wie viel Macht ich jemandem über mich gab und wie sehr ich manipuliert worden war. Dieses Nein war mein wirklich erstes wahrhaftiges Ja zu mir selbst.

Es war somit eine der härtesten und gleichzeitig wichtigste Lektion in meinem Leben. Über 10 Jahre beschäftigte ich mich intensiv mit den damit zusammenhängenden Themen: Narzissmus, Manipulation und die Facetten von (emotionalem) Missbrauch, Abhängigkeiten und Erpressung. Ich wollte genau wissen, was mich bewogen hatte, diese Erfahrung zu durchleben. Heute bin ich tief dankbar für diesen „Lebenswecker". Seit dem kultivierte ich meine innere Stimme, mein Fühlen, meine Wahrnehmungen. Ich begann meine eigenen Werte zu definieren und nach ihnen zu leben. Ich setzte und setze mich intensiv mit meinen Ängsten auseinander, mit meinem Misstrauen gegen mich selbst und gegen das Leben, was es anderen leicht machte, mich zu manipulieren und zu führen. Ich verstand: „je mehr angstbesetzt oder unsicher wir sind, desto leichter sind wir lenk- und ausnutzbar". Und nur, wenn wir das verstehen, können wir daran arbeiten und es (in uns selbst) verändern! Statt mich zu beschweren und mich im Opferbewusstsein zu verlieren, übernahm ich die Verantwortung für das, was mir widerfahren war ,und ich nahm die Botschaft des Lebens an mich ernst. Ich begann mich und meine Gefühle ernst zu nehmen!

Dass hochempathische, emotional sensitive Seelen leicht an narzisstische Menschen geraten, liegt wohl an der Faszination der Souveränität, Selbstsicherheit und charismatischen Ausstrahlung, die diese Menschen haben. Als scheinen sie zu sagen: „komm, ich zeig dir den Weg." Doch dabei assimilieren sie dich und geben dir nur da Größe und Raum, wo es für sie nützlich ist und ihre Machtposition und Stellung nicht gefährdet. Sie wollen um jeden Preis vermeiden, dass der Schüler, der Partner, die Kinder, (wer/was auch immer) über sie hinauswächst.

Genau in solchen Erkenntnissen liegt die Chance „Danke zu sagen" und dich in deine eigene Größe und Kraft zu bewegen.

Bisher hast du deine Fühligkeit und emotionale Sensitivität einzig dafür eingesetzt, anderen zu helfen/zu dienen, z.B. damit sie ihren Schmerz nicht fühlen müssen! Doch damit verhinderst du auch, dass der andere seinem eigenen Schmerz begegnen und sich mit ihm auseinander setzen kann. Ab sofort darfst du zuerst einmal lernen, diese Gabe „viel zu fühlen" für dich einzusetzen und dich um deine Bedürfnisse zu kümmern. Jetzt wirst du erleben, wie es sich anfühlt aus deiner eigenen, inneren Stärke und Kraft zu handeln, anstatt aus deiner Schwäche und emotionalen Unsicherheit oder Betroffenheit heraus.

Aber wir sind auch Menschen. Es geht gerade nicht darum, einen neuen Anspruch und Druck auf dich aufzubauen. Ich wollte obige Erfahrung nicht machen. Sie tat verdammt weh. Und sie war genau das, was ich brauchte, damit ich aus meinem persönlichen „Dornröschenschlaf" (Lady Unsicherheit und irgendwann wird schon der Prinz kommen und mich erlösen) erwachte. Ich war nicht Opfer, sondern Schöpfer (Achtung: nicht Schuld daran) dieser Erfahrungsreise. Solche Ereignisse sind der Anfang eines erfüllten und glücklichen Lebens. Denn sie bringen dich zu dir, wenn du es zulässt und aus dem Opfertraum erwachst.

Dein Geburtsrecht ist es, frei, glücklich und erfüllt zu sein.

Alle Erfahrungen in deinem Leben dienen dir dazu, genau herauszufinden, was das ist und was nicht! Wo hast du dich selbst eingesperrt, in einen goldenen Käfig aus deinen Einstellungen und Überzeugungen? Genau hier schlägt die Verführung der „scheinbaren Wichtigkeiten des Alltags" allzu gerne zu. Alles andere scheint wichtiger zu sein als du. Die Kinder, der Partner, die Arbeit, die Eltern, die Nachbarn, ...

Fragen, die du dir in Zukunft stellst, sind also nicht: Wieso bin ich Opfer der Umstände meines Lebens? Warum habe ich das nur erlebt? Womit habe ich das nur verdient? Warum ist das Leben so ungerecht zu mir?

Sondern vielmehr: Wozu dient es mir, diese Erfahrungen zu machen/gemacht zu haben? Was kann ich daraus schöpfen? Nur mal kurz angenommen, all das war/ist für mich da und es ginge nicht um Schuld oder Bestrafung – was wollte ich erfahren, was entdecken oder verfeinern? ?!

Aus einer übergeordneten „spirituellen" Weltsicht, sind wir ewige Wesen, die eine irdische Erfahrung machen. Was, wenn all deine Erfahrungen dafür da sind, deinen Leitstern, das was du eigentlich er-leben willst, nicht aus den Augen zu verlieren? Wenn es nicht „Versagen" ist, sondern wichtige Hinweise darauf gibt, wo du dir bisher selbst deine Größe, dein Sein, deine Liebe, deine Qualitäten versagt oder dich selbst verleugnet und verraten hast?

In der Vergangenheit hattest du eine sehr eingeschränkte, eindimensionale Sicht auf dich und dein Leben. Doch das Leben ist Ausdehnung, Wachstum, Entfaltung. Ein Wissenschaftler beispielsweise kann nur das messen, was er für möglich hält und wenn er es schafft, dazu ein Gerät oder eine Formel zu entwickeln, durch die er es sichtbar machen und messen kann! Nur dann kann er seine „Theorien" auch beweisen. Das bedeutet allerdings auch, dass es Dinge einfach nur deshalb nicht gibt, weil wir sie noch nicht messen und somit bestätigen können. Werde du zum Wissenschaftler deines Lebens. Denn du bist bereits ausgestattet mit einem perfekten Navigationssystem, doch bisher konntest du es nicht anwenden. Es ist, als hätte dir jemand eine Deluxe-Bohrmaschine in die Hand gedrückt und dir gezeigt, wie man mit dem Hammer Nägel einschlägt. Während du also mit der Bohrmaschine versuchst, die Nägel einzuschlagen, wunderst du dich, warum das so schwer geht, es ständig hakelt und fragst dich, ob das denn überhaupt so stimmen kann. Aber vielleicht bist du einfach zu doof und mit dir stimmt was nicht: „wieso komme nur ich damit nicht klar?!" Anstatt deiner Wahrnehmung „da stimmt was nicht" zu folgen, hast du dich bewertet und selbst runter gemacht. Es lag nie an dir, sondern am Unvermögen der Bedienungsanleitung. Natürlich ist das recht vereinfacht dargestellt, aber ich hoffe, du bekommt ein stimmigeres Bild von dir. Es bist nicht du, es ist ein Gesellschaftskonstrukt, das an vielen Ecken erkrankt ist. Höre auf, dich selbst weiter schlecht und klein zu machen und dich „zu pathologisieren". Du bist bereits heil. Beginne dich selbst mit den Augen der Liebe zu betrachten. Das, was du dir so lange bereits tief in dir gewünscht hast. Du bist nicht allein. Auch ich wusste früher weder „wer ich war", noch, wie ich mich gut um meine eigenen Bedürfnisse kümmern sollte, geschweige denn, welche ich wirklich hatte. Ich lebte nach dem Motto: geht es dir gut, muss es mir auch gut gehen! So sorgte ich mich um andere, um mich gut oder überhaupt zu fühlen.... Dieses Muster wurde zu meiner Identität und wirkte aus der Tiefe meines Unterbewusstseins. Ich musste mich nur genug anstrengen, besser sein, noch mehr geben, um dem vermeintlichen Anspruch und den Erwartungen der anderen (also meinen eigenen!) nachzukommen. Auch in meinen früheren Beziehungen tat ich das. Der andere will mich gar nicht? Dann muss ich mich wohl noch mehr anstrengen. Das muß wohl an mir liegen. Auf die Idee, dass mich der andere vielleicht gar nicht verdient hätte, kam ich damals nicht! Und die Menschen, die es wirklich gut mit mir meinten, stieß ich vor den Kopf. Wäre doch auch zu einfach. Was für einem irren Druck setzen wir Menschen und vor allem „die Empathen" sich aus. Ist es nicht total nachvollziehbar, dass deine Anstrengungen irgendwann immer ins Leere laufen, den eigenen Schmerz vergrößern und in Erschöpfung, Depression, Burnout oder in anderen körperlichen Symptomen münden?! Es ging nie um richtig und falsch, sondern darum, dass du die Strategien findest, die es dir ermöglichen, deine Gaben endlich für dich einzusetzen und erst dann, aus deiner Fülle, natürlich auch anderen zur Verfügung zu stellen, wenn sie es denn wollen!!

ERKENNE DICH

Im Folgenden habe ich die wichtigsten Punkte zusammen getragen, die anzeigen, ob auch du „mehr fühlst", hochempathisch und emotional Sensitiv bist. Zu jedem Punkt gibt es ebenfalls eine Unterteilung in „bewusst" und „unbewusst"damit du schauen kannst, wo du für dich in deinem Prozess stehst. Vielleicht ist das Thema für dich recht neu oder du beschäftigst dich gar zum ersten Mal damit. Wenn du dich also in den Punkten mehr in dem Bereich des „unbewussten" findest, mache dir bitte keinen Stress deswegen. Im Gegenteil, wenn du bereits sehen kannst, was dich betrifft oder wie sehr du dich darin erkennen kannst, liegt „das Schwierigste" bereits hinter dir. Denn nur, was uns bewusst ist können wir verändern und ins Positive beeinflussen. Außerdem haben wir alle bessere und schlechtere Tage. Doch auch das gehört dazu und ist wichtig. Schlechte Tage helfen uns zu reflektieren und neuen Wachstum oder Entfaltung aus den Einsichten zu kreieren! Denn auch hier zählt: „Alles ist für dich da". Selbst die schlechten Tage.

01 DU SCHAUST IMMER NACH ANDEREN. SIE GEHEN IMMER VOR UND DEINE PRIORITÄTEN BLEIBEN AUF DER STRECKE.

Nach anderen zu schauen und hilfreich zu sein ist eine wundervolle Sache. Doch du kannst andere nicht retten. Du siehst, wie wichtig es ist unterscheiden zu lernen, aus welchem Motiv dieser Wunsch entsteht. Wie oft schlagen wir in der Not der anderen mit den Flügeln, weil wir den eigenen Schmerz nicht oder nur schwer aushalten können. Die Lösung hier ist einfach, aber nicht leicht. Es braucht deinen Schritt zu dir. Indem du deinen Schmerz erkennst, zulässt, ihn zu spüren und lernst, ihn zu versorgen (das zeige ich dir), beginnst du mit dir und deinen inneren Anteilen in Kontakt zu kommen und auf einer tieferen Ebene dein Leben und dein Sein „zu heilen". Du kehrst zurück in deine Ganzheit, die du immer schon warst. Dein wahres Sein. Jetzt wirst du zu einer wirklich hilfreichen Person für andere Menschen, die sie durch ihre Nöte begleiten und ihnen gleichzeitig ihre eigene Reise und Heilung erlaubt. Es wird viel leichter zu spüren, ob jemand wirklich an deiner Hilfe interessiert ist oder nur ein Trostpflaster sucht, aus seinem eigenen Unvermögen heraus, sich um seine emotionalen Bedürfnisse zu kümmern. Zusammengefasst können wir sagen:

Bewusst: Du kümmerst dich um deine Gefühle und Bedürfnisse, die das Leid anderer in dir auslösen können (Trigger) und bietest Unterstützung an, ohne dich selbst aufzugeben oder den Kontakt zu dir zu verlieren.

Unbewusst: Du kannst das Leid anderer kaum ertragen und tust alles (beim anderen) damit es ihm besser geht, um dem Schmerz in dir nicht begegnen müssen. Das führt oft auch zu sehr übergriffigen Taten und manipulativen Verhalten, dann wunderst du dich über die Reaktion, denn du hast es doch nur gut gemeint....

02 DU BIST EIN GUTER ZUHÖRER! SELBST FREMDE ERZÄHLEN DIR SCHNELL IHRE GESCHICHTEN. ALLE KOMMEN ZU DIR UND LADEN AB.

Darum bist du so verständnisvoll und hast immer ein Ohr und eine Idee für andere. Das ist großartig. Durch deine hohe emotionale Sensitivität spürst du förmlich, was im anderen vorgeht und was er braucht, damit es ihm besser geht. Doch, wenn du bei dir selbst noch nicht aufgeräumt hast, passiert Folgendes: der andere lädt bei dir ab. Es geht ihm besser. Dir selbst wird es nach dem ersten High „ich konnte jemandem helfen" in der Regel hinterher plötzlich schlechter gehen. Ohne es zu merken, hast du die negative Energie des anderen aufgesaugt wie ein Schwamm. Lerne also, dich von Energien und Emotionen anderer zu befreien.

Bewusst: Du hörst wirklich zu und bleibst offen, jedoch übernimmst du nicht und bleibst verbunden mit dir. Du gibst/bietest Anleitung oder Impulse, durch die der andere sich selbst helfen und Veränderung herbeiführen kann. Von Menschen, die nur über andere reden (ohne ihr Beisein) oder lästern, hältst du gesunden Abstand.

Unbewusst: Du bist Mülleimer für die Befindlichkeiten anderer und machst ihre Probleme schnell zu deinen. Selbst, wenn du denjenigen nie mehr wieder siehst, bleibt eine unsichtbare Schnur zwischen euch bestehen, bis sie in deinem Unterbewusstsein versinkt.

03 DU HAST EIN HOHES VERANTWORTUNGS- UND PFLICHT-GEFÜHL.

Du übernimmst viel und oft viel zu viel für andere, auch die Verantwortung. Du denkst und „fühlst" für sie mit und beziehst in deine Antworten mit ein, wie sie auf deine Reaktion wiederum reagieren könnten und ob sie sich dadurch von dir zurückgestoßen oder ausgenutzt fühlen könnten. Du trägst die Verantwortung für ihre Gefühle, anstatt ihnen diesen Job, der ihnen gehört, zuzugestehen. Gestehe dir ein, wo deine Aufgaben und Verantwortungsbereiche wirklich liegen und mute den anderen zu, das Gleiche für sich selbst zu tun. Das ist die Basis für gesunde Beziehungen und Begegnungen auf Augenhöhe. Privat wie im Beruf.

Bewusst: Im bewussten Umgang übernimmst du die Verantwortung für dich und deine Gefühle und Bedürfnisse. Du erkennst deine Grenzen und die des Anderen. Ja, du bist immer noch in einem hohen Maß verantwortungsvoll, aber du weißt, wo du dich zurückziehst, anstatt den Job für den anderen mit zu übernehmen. Du gestehst dem anderen zu, verantwortlich für sich selbst zu werden und schützt ihn nicht vor sich selbst. Nur so geschieht Entwicklung und ist wahrhaft respektvoll.

Unbewusst: Du wirst dich vermutlich häufiger darüber beschweren, was andere dir alles aufladen und du die Kohlen aus dem Feuer holen sollst, wenn es mal brennt. Doch das wird dir nicht gedankt, sondern als selbstverständlich angesehen. Das frustriert dich nicht nur, es macht dich auf Dauer auch krank oder du brennst aus.

04 DU KANNST DICH NICHT GUT ABGRENZEN, ERKENNST DEINE GRENZEN NICHT RECHTZEITIG UND BIST SCHNELL ÜBERFORDERT.

Das ist der Punkt, an dem du deine emotionale Sensitivität als Bürde empfindest oder als Schwäche. Bei dir zu bleiben fällt dir schwer, du bist viel bei anderen, bei ihren Sorgen und Nöten. Aber dir ist ebenso wichtig, was sie von dir halten. Hier übergehst du dich selbst und hältst viel zu viel aus, bis du reagierst. Dadurch wird dir schnell „alles zu viel"! Du siehst es selbst nicht, doch du bewegst dich eigentlich ständig an deiner energetischen Belastungsgrenze. Wichtig zu wissen ist, bereits ein Einkauf kann dich überfordern. Die Energien der Menschen, die du unbewusst aufnimmst, oder das überwältigende Angebot. Ich habe lange gebraucht, um zu verstehen, dass einkaufen in einem Geschäft für mich reiner Stress ist und ich überlege mir heute noch gut, ob ich wirklich einkaufen gehen muss, oder das irgendwie anders organisieren kann. Allein ein Überangebot reicht schon aus um mich „auszuschalten". Früher war ich dann wie ferngesteuert und konnte mir nur noch helfen, indem ich mich an anderen orientiert habe: „Ach, du kaufst das? Ok, das kauf ich auch." Heute weiß ich ganz genau was ich will und die meisten verheißungsvollen „Lebensmittel" habe ich komplett ausgeblendet. Allerdings bin ich auch sehr dankbar, dass mein Partner den Part meist gerne übernimmt. Zu diesem Spektrum gehört es auch, dein Zuhause mal nach „zu viel" zu untersuchen. Welche Gegenstände geben dir Energie, welche nehmen sie dir? Ein ruhiges Umfeld beruhigt deine Augen und reduziert inneren Stress, der oft unbewusst zu Überforderung führt.

Bewusst: mache dir klar, dass du gleichzeitig viel mehr aufnimmst als andere. Oft ist es wie eine plötzliche Emotions-Dusche, die du nicht einzuordnen weißt. Darum hast du gelernt, dir den Raum für dich zu geben, den du brauchst. Du musst nicht sofort auf alles reagieren. Du nimmst dir Zeit und kommunizierst das auch: „Ich habe dich/dein Anliegen gehört, ich mache mir Gedanken dazu, ich fühle es durch und antworte dir dann". Du hast gelernt, was zu dir gehört und was nicht.

Unbewusst: Du wirfst dir deine Überforderung vor, anstatt zu schauen, was genau dahinter liegt und dafür Sorge zu tragen. An dem Punkt bist du bereits nicht mehr in der Lage, wertschätzend deine Bedürfnisse zu spüren, geschweige denn, zu kommunizieren, es platzt aus dir heraus, oder du ziehst dich ganz raus! Gerne erwartest du diesen Part auch von deinem Umfeld. Dann neigst du dazu, anderen vorzuwerfen, dass sie nicht sensibel genug mit dir seien, sie dich nicht sehen. Das mag auch sein, doch mach dir deinen

Anteil daran klar. Dadurch wirst du schnell herausfinden, ob es jemand wirklich gut mit dir meint oder dich tatsächlich nur ausnutzt.

05 DU BIST EMPFÄNGLICH FÜR DIE ENERGIEN UND GEFÜHLE ANDERER.

So lange du dir darüber nicht bewusst wirst, übernimmst du Energien und saugst sie sogar auf wie ein Schwamm. Jetzt kannst du nicht mehr unterscheiden, was deins ist und was nicht! Darum ist es für Empathen ein unverzichtbares Tool zu lernen, wie sie sich schützen und reinigen können. Manche übernehmen sogar Symptome von anderen. Ich z.b. fühle sehr stark, wo der emotionale Schmerz beim anderen sitzt und führe ihn durch die Landschaft seiner Gefühle in seine Klärung und Lösungen.

Es ist eine Gabe zu fühlen, was ein anderer fühlt und braucht. Doch du musst unbedingt dafür sorgen, die Energien anderer nicht als deine zu übernehmen. Hinweise darauf können sein, plötzliche Erschöpfung, Energieabfall oder Stimmungswechsel. Und ja, das kann auch beim Einkaufen passieren, wenn jemand einfach nur an dir vorbei geht....

Bewusst: Du bekommst ein Gefühl dafür, was deine Emotionen und Energien sind und bist in der Lage, mit ihnen verbunden zu bleiben und alles andere wieder abzugeben. Du bist offen und freundlich und achtest „deine" natürlichen Grenzen. Du bist achtsam damit, welche Menschen dich umgeben.

Unbewusst: Du nimmst alles auf wie ein Schwamm und hast kein oder nur wenig Gefühl dafür, was du eigentlich willst. Du bist außerdem sehr abhängig vom Verhalten anderer dir gegenüber und beziehst alles auf dich. Dadurch entstehen häufig große zwischenmenschliche Konflikte, Kontaktabbrüche oder Kleinbeigeben, sowie soziale Isolation auf Grund von Überforderung, deren Ursache dir nicht klar ist. Es ist einfach zu viel.

06 PLÖTZLICHE ERSCHÖPFUNG ODER UNERKLÄRLICHE MÜDIGKEIT, ALS HÄTTE EINE UNSICHTBARE KRAFT DEINEN STECKER GEZOGEN.

Du weißt oft nicht warum und wünschst dir viel mehr Ruhe und Erholung, als du dir erlaubst. Mach dir klar, dass du nur durch „Alleine Zeit" oder durch den Aufenthalt in der Natur, vor allem im Wald, deine Akkus aufladen kannst. Es ist eine natürliche energetische Waschstraße! Und sie ist wichtig für dich.

Da du so offen bist für die Energien und Emotionen anderer, nimmst du zuviel auf, gleichzeitig fällt es dir aber auch schwer, deine Energie bei dir zu halten. Dadurch ist dein Energielevel nicht nur instabil, sondern du bist auch in einer permanenten Überforderung deines Systems. Sorgst du hier nicht für dich, folgen Erschöpfung, Depression, Burnout oder adere Erkrankungen des Körpers, weil die Energie für die Selbstregulation im Keller ist. Du verausgabst dich permanent, oft für andere. Die Erschöpfung ist einfach nur dein Anzeiger dafür, dass du Ruhe und Zeit brauchst, deine Akkus zu laden. Sich gebraucht zu fühlen, ist ein enormer Antreiber, aber so erschaffst du dir gleichzeitig ein Hamsterrad.

Bewusst: Du kennst deine Grenzen und achtest auf dich und deine Pausen zur Regeneration. Du hast vielleicht etwas geringeres Energielevel als andere, zumindest fühlt es sich manchmal so an, aber du weißt auch, dass du unglaublich viel bewegen kannst, wenn es darauf ankommt. Du hast deinen Rhythmus gefunden und weißt deine Ruhe- und Erholungspausen sind genauso wichtig wie deine Phasen des Schaffens. Du hast erkannt, dass deine Schaffenskraft aus deinem Sein erst so richtig zur Entfaltung kommt und lebst danach.

Unbewusst: Du verurteilst dich für deine Erschöpfung. Anstatt sie ernst zu nehmen und ihren Ursachen auf den Grund zu gehen, lenkst du dich weiter ab, übergehst dich und deine Grenzen und missachtest die Anzeichen deines Körpers nach Ruhe und Erholung (auch Sport und Bewegung) gehören hierzu. Wenn es um Zeit für dich geht, stehst du immer hinten an.

07 HARMONIE IST DIR WICHTIG.

Du hältst dich meist zurück, um Konflikte zu vermeiden oder andere nicht mit „Deinem" zu belasten (alles andere ist wichtiger) oder die Harmonie ins Wanken zu bringen. So entstehen leicht Loyalitätskonflikte zwischen deinen Bedürfnissen und den „vermeintlichen" Bedürfnissen anderer. Denn oft setzt du voraus, dass sie dich eh nicht verstehen oder sehen. Dadurch fühlst du dich oft emotional unsicher und unwohl in der Gegenwart anderer und erzeugst das Gefühl: ich gehöre nicht hierher/dazu. Dann isolierst du dich innerlich, damit dieses Gefühl nicht so weh tut. Das Gefühl verschwindet, sobald du mit Menschen zusammen bist, bei denen du intuitiv spürst, dass du so sein kannst, wie du bist, oder wenn du mit Dingen beschäftigt bist, in denen du in deiner Geniezone (der Bereich, indem du ganz natürlich auf deine Gaben, Talente und Fähigkeiten zurückgreifst. Oft ist dir hier nicht klar, wie wertvoll dies für andere wirklich ist) wirken kannst. Als würdest du deinen „State" verändern, du kannst das aber nicht bewusst steuern oder erzeugen. Du glaubst, du bist dem ausgeliefert und kannst es selbst nicht beeinflussen. Dann wirst du unklar und in dir herrscht ein inneres Gefühlschaos. Das Gefühl für deine Bedürfnisse geht verloren.

Bewusst: Du hast gelernt, deine Bedürfnisse und Gefühle im Auge zu behalten und mit ihnen verbunden zu bleiben. Du siehst den anderen, aber auch Dich!! Du weißt, dass eine Schein-Harmonie nicht das ist, was du wirklich willst und dir wünschst und bist in der Lage, deine innere Harmonie zu bewahren und auch einmal eine Diskussion auszuhalten. (Ich genieße sie mittlerweile sogar. Das war früher undenkbar für mich.)

Unbewusst: Du neigst dazu, dir zu viel zuzumuten und kannst Wünsche von anderen „der Harmonie Willen" nicht gut abschlagen. Ein „Nein, das geht jetzt nicht" kostet dich viel und bereitet dir, wenn du es tust, ein schlechtes Gewissen. Egal wie du dich entscheidest, es fühlt sich falsch an. Du sagst „Ja" und meckerst dann, weil du merkst, dass du eigentlich gar keine Ressourcen oder Lust dazu hast. Wenn du Nein sagst, wirfst du dir leicht vor, dass du vielleicht übertreibst und es doch schnell hättest erledigen können. Du erhältst äußere Harmonie aufrecht, zum Preis deines inneren Friedens. Du schluckst herunter, was dir auf dem Herzen oder der Zunge liegt. Verstehe, dass das keine Harmonie ist, sondern nur den Schein wahrt. Lerne deine dahinter liegenden Bedürfnisse nach Sicherheit und Geborgenheit zu sehen und für sie zu sorgen!

08 DU BIST SEHR GEWISSENHAFT. PERFEKTIONISMUS UND SELBSTZWEIFEL WECHSELN SICH AB.

Noch bevor du überhaupt beginnst, redest du dir schon ein, dass du das sowieso nicht schaffen wirst. Oft ist es auch die Angst zu scheitern, die dich antreibt und deinen hohen Selbstanspruch noch erhöht. Du genügst dir selbst nicht. Und nein, das muß man dir nicht im Außen ansehen. Du kannst sowohl sehr erfolgreich sein, und gleichzeitig das Gefühl haben, nichts wirklich gebacken zu kriegen. Du fängst Dinge an, bringst sie aber nicht zu Ende. Was deine Selbstzweifel weiter schürt und deinen Glauben an dich noch mehr erschüttert. Ein Teufelskreis, den Empathen häufig erleben und kaum selbst herausfinden. Du bist sehr kritisch mit dir selbst, was dich häufig lähmt. Besonders dann, wenn du beginnst dich mit anderen zu vergleichen. Dann legst du die Schippe der Härte noch oben drauf und sagst dir: Andere schaffen das doch auch – was stimmt nur mit mir nicht?! – wieso stelle ich mich nur immer so an?

Bewusst: Ja, vielleicht wurde der Glaube an dich selbst irgendwann sehr erschüttert, aber du hast gelernt, dass deine Selbstzweifel sehr eng mit deiner Integrität verbunden sind. Es ist dir wichtig, das, was du tust, auch gut zu machen. Aber nicht zum Preis, deiner Freude und Leichtigkeit. Denn du tust die Dinge vor allem, weil sie dir Spass machen und weil du damit etwas bewirken oder einen Unterschied machen kannst. Du weißt, du scheiterst nur dann, wenn du nicht beginnst. Du siehst die Schönheit und den Raum, der entsteht, wenn wir Dinge unperfekt vollkommen sein lassen. Du bist dir selbst genug, erkennst deine Gaben und Talente an und hast Spass daran, dich weiter zu entwickeln. Die Freude und das Erleben dabei ist dir wichtiger als das Ergebnis. Und darum wirst du von Innen nach Außen erfolgreich und glücklich.

Unbewusst: Wie du es drehst und wendest, deine Selbstzweifel bei gleichzeitigem Perfektionismus haben dich in der Hand. Sie treiben dich zu Höchstleistungen an oder lassen dich gar nicht erst beginnen (Prokranistation – du schiebst, was dir wichtig ist, vor dir her.). Beides kann quasi parallel nebeneinander stehen oder du pendelst mehr zum einen oder zum anderen Pol. Deinen hohen Selbstanspruch bestätigst du dir durch die Anerkennung der anderen, anstatt dich selbst zu würdigen.

09 DU BIST SEHR INTUITIV.

Du hast starke, oft übernatürliche Wahrnehmungen, gleichzeitig ist dein Zugang wie gehemmt oder blockiert (du vertraust anderen mehr als dir selbst) – natürlich nur, bis du gelernt hast deine Gaben wirklich für dich zu nutzen und einzusetzen. Im Grunde weißt du sehr genau, wann und ob dir jemand ein X für ein U vormacht, doch traust du diesem Gefühl auch? Du weißt eigentlich auch sehr genau, was du willst, aber weil du im Außen so wenig Resonanz oder gar Ablehnung für dein Sosein erfahren hast, bist du aus deinem Herzen in deinen Kopf gerutscht und versuchst alles bis ins kleinste Detail zu verstehen und auseinander zu nehmen.

Dennoch, deine Intuition ist sehr ausgeprägt. Vielleicht hast du das Gefühl, bisher schreibe ich sehr einseitig über hochempathische, emotional sensitive Menschen. Denn es gibt auch unglaublich erfolgreiche unter ihnen, die sich voll auf ihre Intuition und Wahrnehmungen verlassen. Doch das ist eben nur ein kleiner Teil. Viel mehr Menschen leiden unter dieser „Besonderheit“, weil niemand ihnen zeigen konnte, wie sie ihrer Intuition wirklich folgen und somit bessere Entscheidungen für sich und ihr Leben treffen können.

Bewusst: Du verbringst Zeit in Meditation und in Stille. Du tauchst ein in deine innere Gefühlswelt, in dein Unterbewusstsein und machst auch vor Schattenthemen keinen Halt. Du hast gelernt, dich ihnen liebevoll zuzuwenden und sie an ihren Platz zurückzuführen, ihren Schmerz zu erlösen oder zu integrieren. Du traust dir und folgst deinen Eingebungen oder Bauchgefühl ohne ständig zu hinterfragen oder alles „verstehen“ zu müssen. Die Ergebnisse geben dir Recht!

Unbewusst: Du vertraust dir und deinen Impulsen nicht, versuchst alles zu rationalisieren und mit dem Kopf zu lösen. Deine Herz-Kopf-Bauch-Verbindung ist verschüttet und es fällt dir schwer, dich von Schwarz-Weiß-Denken zu lösen.

10 DU STEHST FÜR GERECHTIGKEIT UND EINE GERECHTERE WELT.

Ungerechtigkeit in der Welt macht dich ganz kirre – du trägst das Leid der Welt auf deinen Schultern (Tiere, Schwächere, Kinder. Wenn du könntest, würdest du die Welt retten). Gleichzeitig glaubst du unerschütterlich an das Gute im Menschsein. „Idealistisch und unverbesserlich an das Gute glaubend“ so haben sie mich früher genannt. Doch heute weiß ich, dass es eine meiner größten Ressourcen war und ist, selbst wenn ich am Boden lag. Zu wissen, da ist eine Macht und eine Kraft, die uns hilft und unterstützt, auch die dunkelsten Zeiten zu meistern. Heute sehe ich sie sogar als meine wichtigsten Lernerfahrungen und empfinde große Dankbarkeit und Demut für meinen bisherigen Lebensweg.

Doch manchmal kann es ganz schön hart sein, das Gute in anderen zu sehen, bei so viel Grausamkeit, Missgunst und Ungerechtigkeit in der Welt. Darum ist es so wichtig für dich, deine Aufgabe zu kennen und deinem Leben einen Sinn zu geben. So fällt es dir leichter, dich auszurichten und nicht das Leid der Welt auf deinen Schultern zu tragen und daran zu verzagen. Es ist eine Entscheidung für eine neue Sichtweise auf dich und dein Leben. Du hast die Wahl, wohinein du deine Energie, deine Zeit, dein Geld, deine Liebe investierst. Also lass den Fernseher und das Internet aus, schnappe dir ein gutes, nährendes Buch und geh raus mit dir in die Natur. Je mehr du bei dir bleibst, je klarer siehst du wieder, wer und was du wirklich bist und wozu du dich gerufen fühlst. Du kannst die Welt nicht verändern, doch indem du dich veränderst, beginnt sich auch dein Umfeld zu ändern. Wenn Dinge dich runterziehen, folgst du der falschen Energie. Möglichkeiten und Potenziale entstehen in dir, sobald du dich auf deine Freude ausrichtest und dich mit Dingen beschäftigst, die dein Energielevel anheben und dich erfüllen. Mehr und mehr kehrst du in deine Kraft zurück. Kultiviere deine Fähigkeit zu lieben. Zu Mitgefühl (nicht Mitleid). Zu Vergebung und Versöhnung. Sei dankbar für jeden Tag der dir geschenkt ist, an dem du gesund bist. Je mehr du für deine Freude sorgst, je gesünder wirst du sein. Kultiviere deine Fähigkeit, deine Energie zu lenken und dein Leben bewusst zu gestalten.

Bewusst: Du weißt, alles im Leben ist für dich da. Alle Menschen, Dinge, Orte, Zeiten, Ereignisse, So bist du mit „dem Guten" verbunden, auch wenn etwas auf den ersten Blick mal nicht so gut erscheint.... Du hast Mit-Gefühl mit Menschen oder Lebewesen, die leiden, doch du leidest nicht mit, weil du weißt, das auch in ihnen die Kraft liegt, Veränderung aus der Inneren Kraft zu erzeugen und Hilfe anzunehmen.

Unbewusst: Du bist verzagt. „Wozu das alles? Es macht doch keinen Sinn." Obwohl du doch an das Gute glaubst, passieren immer wieder Dinge und du bist tief verletzt und enttäuscht. Du vertraust niemandem, am wenigsten dir selbst. Du fühlst dich als Opfer des Lebens. Alles und jeder scheint gegen dich zu sein. Das Gute? Ja, aber für dich scheint es nicht bestimmt zu sein.

11 DU BIST IMMER AUF DER SUCHE NACH WAHRHEIT UND NACH ANTWORTEN AUF DEINE LEBENSFRAGEN – IST DOCH WAS DRAN, AN MEINEN WAHRNEHMUNGEN UND DEM, WAS ICH FÜHLE?

Empathen sind Sucher und Finder der Wahrheit. Ich begann sehr früh, die bestehenden Systeme zu hinterfragen und suchte „die Wahrheit" dahinter. Als Kind wurde mir oft schwindelig, ob solcher Gedanken, dass wir Menschen nichts anderes für die Erde sind, als Bakterien für unseren Körper. Es gibt lebensfördernde und zerstörende. Dann stellte ich mir vor, was wohl die Erde für das Universum sein mag und starrte in den Sternenhimmel. Ich fühlte mich wie ein Alien und habe mich oft gefragt, was ich eigentlich hier soll... meine Suche führte mich zu Gott, von dem ich mich verlassen fühlte. Doch ich gab nicht auf und so fand ich, auf der Suche nach Antworten, mich selbst. Heute bin ich gewiss: Alles was wir suchen befindet sich bereits in uns. Selbst das Universum (da draußen). Lerne, in dich selbst einzutauchen, wie ich es dir in der ersten Übung in diesem Buch gezeigt habe. Indem du beginnst, dich mit dir selbst wieder zu verbinden, lernst du alle Antworten, die du brauchst in dir zu finden. Vielleicht hast du bisher auch die falschen

Fragen gestellt?! Ich hatte vor kurzem ein Gespräch mit einer Klientin, die mich fragte: Was ist, wenn ich meinen Seelenplan nicht lebe? Ich half ihr zu verstehen, dass sie diese Frage immer im Gefühl der Unsicherheit zurück lässt, vielleicht nicht das Richtige zu tun und fand mit ihr einen Weg durch den sie verstand: „Ich folge bereits meinem Seelenplan und je mehr ich mir erlaube, mich zu fragen: Was ist für mich stimmig?, desto einfacher kann ich mir und meinem für mich bestimmten Weg folgen."

Wir dürfen lernen, uns von Schwarz-Weiß-Denken zu verabschieden, denn richtig und falsch gibt es nicht im Universum. Es gibt ausschließlich Ursache und Wirkung und daraus entstehende Kausalitäten (Folgen. Die sind nicht gut oder schlecht, sie sind Feedbacks). Gefällt dir etwas in deinem Leben nicht (Wirkung), dann verändere die Ursache (was ist stimmig für mich)?! So lernen wir, und die Fehler werden zu Helfern auf unserem Weg in unsere Erfüllung. Sie werden zu wertvollen Begleitern, um uns unser volles Potenzial zu erschließen.

Bewusst: Du suchst im Inneren, verbindest dich mit deiner inneren Gefühlswelt und deinen im inneren wohnenden Gott oder Spirit.

Unbewusst: Ewig suchend, machst du eine Fortbildung nach der anderen, rennst von Workshop zu Workshop in der Hoffnung nach Antworten. Verstehe mich nicht falsch. Es ist ok, sich Hilfe zu holen. Es ist sogar toll, denn wir sehen ja unsere eigenen blinden Flecken nicht. Doch, wenn du die Dinge nicht integrierst und wirklich zu deinen machst, wird es immer Philosophie bleiben und ein schales Gefühl das immer noch etwas fehlt, zurück bleiben.

12 GROSSE TIER- UND/ODER NATUR-LIEBE UND HOHES INTERESSE AN NACHHALTIGKEIT UND NATÜRLICHKEIT.

Tiere sind die besseren Menschen, sagt man doch so schön. Tiere sind in der Regel unmittelbar emotionale Helfer und Heiler für uns. Allerdings übernehmen auch sie viel Leid für uns, darum sollten wir auch hier achtsam sei, den Tieren gegenüber. Auch helfen wir ihnen, wenn wir die Verantwortung für unsere Themen übernehmen. Auf das Sein in der Natur bin ich ja schon zur Genüge eingegangen. Es ist einfach eine wunderbare Aufladestation für deine Akkus. Solange du jung bist, wirst du das noch gut kompensieren können, doch es wird immer schwieriger. Und wenn du nicht dafür sorgst, dich regelmäßig aufzuladen, wird es dich irgendwann krank machen.... Wichtig ist hier zu wissen: viele hochempathische, emotional sensitive Menschen isolieren sich und ziehen sich zurück. Auch hier ist die Aufgabe, die eigenen Themen (Ängste, Unsicherheit, Minderwertigkeitsgefühle, traumatische Erlebnisse, ...) anzugehen und zu verarbeiten. Es gibt viele wunderbare und sehr heilsame Wege, dies anzugehen. Die Natur und die Tiere wollen dich unterstützen, doch sie wollen auch, dass du dich deinem Menschsein stellst und dich nicht aus Angst isolierst vor dem eigentlichen Leben.

Bewusst: Du achtest alles Leben, deine Verbundenheit mit Natur und Tieren stabilisiert dich und gibt dir Kraft. Du hast einen guten Zugang zu Tieren und der Natur, aber du stellst sie nicht über das „Menschsein". Du setzt dich hier vielleicht ein, kannst aber auch „die Natur der Dinge" akzeptieren und musst nicht alle und jeden retten. Das ist vielleicht immer noch eine große Herausforderung, doch auch hier kümmerst du dich um deine Anteile (den Schmerz, den es auslösen kann). Wir sind geistige Wesen und machen eine Erfahrung im Körper. Das gilt für alles Leben.

Unbewusst: Tiere geben dir Halt und Kraft, aber du kannst es nicht ertragen, wenn sie krank sind oder leiden. Dann versuchst du alles und kannst Dingen nicht ihren Lauf lassen. Du nimmst dem Tier damit noch mehr Energie und Kraft, weil es so angelegt ist, dich zu unterstützen.... Tiere sind die besseren Menschen. Ja, manchmal mag das stimmen, doch auch das ist nicht die ganze Wahrheit. Isolation und Rückzug vergrößern hier nur den Graben, weil du dir eigentlich auch Menschen wünschst, mit denen du dich verbunden fühlst......

Du hast große Empathie und Einfühlungsvermögen für andere. Was ist mit dir? Du pendelst zwischen einem großen offenen Herzen und einem verschlossenen, wenn dir alles wieder zu viel wird. Rückzug und Isolation sind die Folge. Doch dadurch trennst du dich auch ab von den Ressourcen in dir, die dich unterstützen! Bisher haben deine Gefühle dich überschwemmt! Jetzt wird es Zeit, dein Herz für Dich zu öffnen.

♡ *Du bist der Schlüssel, nach dem du dich so lange gesehnt hast!*

Der Schlüssel für alles ist, dich auf eine ganz neue Art und Weise mit dir und deinem Fühlen zu verbinden, deine emotionale Sensitivität anzuerkennen und neue kreative Wege zu finden, sie für dich und deine höheren Ziele einzusetzen, statt ständig gegen dich selbst zu arbeiten. Sie ist deine größte Stärke und Ressource. Kein Mangel und schon gar kein Fehler. Du hast dir etwas sehr Wichtiges und Heiliges in deinem Herzen bewahrt und bist bisher einen, vielleicht schweren, schmerzhaften Weg gegangen, dir diese Energie zu bewahren oder zurück zu erobern! Und das ist genau die Energie und die Liebe, die diese Welt im Wandel jetzt so dringend benötigt. Lass dir das bitte nie mehr wieder ausreden. Und schon gar nicht von dir selbst und deinem unruhigen, lauten Verstand – den Stimmen und Konditionierungen deiner Vergangenheit! Doch jetzt bist zuerst endlich einmal „Du dran".

05

Fluch oder Segen

Dein Fühlen ist dein Geschenk für die Welt!

Es gibt immer wieder Diskussionen über Ursachen und Folgen von hoher emotionaler Sensitivität. Und natürlich kommt es auch hier darauf an, von welcher Ebene wir auf uns und unser Erleben blicken. Spirituell gesehen kann ich mich fragen: „Bin ich mit einer besonderen Gabe, Aufgabe oder Bestimmung hierher gekommen?" Von der irdischen Ebene aus gesehen frage ich eher: „Bin ich in einer für mich emotional unsicheren und instabilen Familie aufgewachsen, wo es unbedingt nötig für mich war, die anderen „lesen" zu können und mein Verhalten entsprechend anzupassen, damit ich überlebe?" Die Integration von beiden Sichtweisen könnte sein: „Wollte ich in einer solchen Familie aufwachsen um …was... zu entwickeln?" Die Frage, die wir uns immer an irgendeinem Punkt stellen dürfen ist, ob wir Opfer (alles ist gegen mich) oder Schöpfer (alles ist für mich da) unserer Umstände sind. Das bedeutet auch nicht, dass wir schuld daran sind. Doch wir haben eine Wahl, diese emotionale Arbeit zu machen. Du musst es wollen. Niemand kann es für dich tun. Doch es lohnt sich, der Gewinn ist deine innere, sowie äußere Freiheit.

Für mich ist es so: wir alle, egal woran wir glauben, wie wir aufwachsen, welche Erfahrungen wir machen oder nach welchem Konzept wir leben, sind immerwährende geistige Wesen, die sich im Hier und Jetzt mit und durch diesen Körper erfahren und entwickeln. Selbst unser Geschlecht ist eine Erfahrungsebene, auf der wir uns erfahren. Unser Körper ist unser Kommunikationswerkzeug, mit dem wir uns in der materiellen Welt ausdrücken und miteinander „in Beziehung" treten. Unsere irdischen Erfahrungen haben also immer mit unserem spirituellen Selbst zu tun und sind in unserer Seele als Speichermedium mit unserer individuellen Spezifikation hinterlegt. So gesehen ist niemand besonderer als ein anderer und jeder hat eine individuelle Agenda, der er bewusst oder unbewusst folgt. Und wenn du dich zu den hochempathischen Seelen zählst oder dich dieses Thema besonders anzieht, dann steht es für dich jetzt an. Du entwickelst dich vom irdischen Menschen hin zu deinem göttlichen Selbst.

Alles in deinem Leben dient dir, um diesen Prozess auch zu vollziehen. Im übertragenen Sinne kannst du hier von der Metamorphose von der Raupe zum Schmetterling sprechen.

Vielleicht fühlst du sogar den Ruf in dir, andere mit deinem Wissen und den Einsichten deines Lebens auf ihren individuellen Wegen zu unterstützen. Natürlich könntest du jetzt kontern und fragen: ja aber, warum erinnern wir uns nicht einfach? Alles wäre dann doch viel einfacher und wir hätten die ganze Sch...e, den Schmerz, die Verletzungen nicht gebraucht. „Das habe ich mir doch nicht ausgesucht...."

Wenn ich mich zurückerinnere, war ich (in diesem Leben) immer auf der Suche nach „bedingungsloser Liebe". Ich wollte einfach nur so geliebt und angenommen werden, wie ich bin. Gleichzeitig hatte ich ganz tief in mir das Gefühl, mit mir stimmt etwas nicht. Ich bin irgendwie falsch hier. Und würde ich keine frappierenden Ähnlichkeiten im Aussehen zwischen meinen Eltern und mir erkennen, hätte ich sicher gedacht, man hätte mich hier fälschlicherweise abgesetzt! So. Nun suchte ich eben nach dieser Liebe, bzw. nach dem Gefühl, das sich für mich darin verbarg und zog eine emotional abhängige Beziehung nach der anderen an. Und die, die nicht in dieses Muster gepasst haben, die haben mich nicht angezogen..... Irgendwann machte es Klick und ich fragte mich: Was, wenn ich mit der Frage hierher gekommen bin: Wie geht bedingungslose Liebe hier in der materiellen Welt? Wenn ich bedingungslose Liebe erleben darf, indem ich sie anwende? Ich darf andere bedingungslos lieben und annehmen, selbst, wenn sie sich mir gegenüber nicht so verhalten haben, wie ich mir das erwünscht oder erhofft habe! Und das bedeutet nicht, dass ich, wie ich es früher getan hätte, zu allem Ja und Amen sage und alles gut heiße. Nein. Doch es bedeutet, den Spiegel, das Angebot des Lebens anzunehmen, mich über das mir Bekannte auszudehnen und über mich hinauszuwachsen. Ich durfte lernen, mich bedingungslos zu lieben und mich zu würdigen und zwar unabhängig von der Bestätigung anderer. Mir selbst das zu geben, was ich mir von anderen erhoffte, doch nie wirklich bekam. Was, wenn ein Nein zu etwas, das ich nicht möchte, weil es mir nicht gefällt oder entwürdigend ist, ein Ja und absolute Selbstliebe und Ausrichtung für mich bedeutet? Wenn das Geschenk größere Liebe und Verständnis für andere ist? Nicht als philosophisches Konzept, sondern verinnerlicht in und durch mein Sein? Viele Jahre tappte ich im Dunkeln, und obwohl ich immer das „Licht am Ende des Tunnels sah", war ich überzeugt, das Leben sei gegen mich! Es dauerte etwas, bis ich diese Überzeugung enttarnte und sie für mich umschreiben konnte in „das Leben für mich da". Zunächst als Idee, bis zu dem Punkt, indem ich es wirklich spüren und verinnerlichen konnte! Gerade in herausfordernden Situationen, dauerte es eine ganze Weile. Doch, das kennst du vielleicht auch, du hörst einen Satz, wie zum Beispiel: „der Weg ist das Ziel" und denkst: „ja das macht ja voll Sinn" und denkst, du hättest ihn voll verstanden. Und eines Tages, vielleicht Jahre später, liest du ihn wieder und plötzlich wird dir bewusst, dass du damals nur ansatzweise verstanden hast, was dieser Satz wirklich für dich bedeutet und du ihn heute durch und durch, vielmehr als damals gedacht, verkörperst.

Beginne damit, dich und alles in deinem Leben zu würdigen!

Kann ich Selbstliebe wirklich lernen und erfahren? Absolut, Ja! Doch, es beginnt mit dem ersten Schritt: die Hinwendung zu dir! Wie du es auch nennst: Selbstwürdigung. Selbstvergebung. Selbstliebe.

All das führt dich unweigerlich zu dir!

Was würde sich in unserer Welt verändern, wenn wir alle aus dieser Energie leben und uns dies gegenseitig zugestehen würden?! Stattdessen sind wir voll von Meinungen und Konzepten, für die wir uns selbst oder andere verurteilen. Solche Geschichten, in denen wir uns täglich erzählen, dass etwas anders sein müsste, dass wir anders sein oder gewisse Situationen anders sein sollten. Gerade jetzt in dieser Zeit, in der die gesamte Welt sich im Wandel befindet und scheinbar kein Stein mehr auf dem anderen steht, kommt all das an die Oberfläche und es wird sichtbar, wo wir in Sachen Liebe, Mitgefühl und Würde stehen. Es ist jetzt eine wichtige Übung, positiv und in Verbindung mit dir zu bleiben. Alles, was du für dich selbst tust, hat eine direkte und indirekte Auswirkung auf dein Umfeld. Auch wenn du es nicht immer sofort sehen kannst.

Wann hast du dich zuletzt ernsthaft gefragt: Was wünsche ich mir für mich? Für meine Lieben? Falls du Kinder hast, für sie? ?

Höre mal ein paar Tage damit auf, es anderen Recht zu machen und beginne damit, die Dinge so zu gestalten, wie sie sich für dich wirklich stimmig anfühlen. ♡!

Nicht, weil du glaubst, sie machen zu müssen oder sie sonst keiner macht... experimentiere damit. Statt deinen Kindern alles hinterher zu tragen und dich zu ärgern, dass sie alles stehen und liegen lassen, freue dich, dass sie da und gesund sind und veranstaltet einen gemeinsamen Aufräum-Event mit Musik?! Im Alltag vergessen wir oft den Spaß. Doch gerade da sollten wir ihn doch erleben, oder? Kinder entwickeln viel schneller Kompetenzen und ein gutes Selbst-Wert-Gefühl, wenn du sie mit einbindest. Dann macht auch Unlustiges Spass. Du kannst jetzt damit beginnen.

Frage dich: Was würdige ich an mir selbst noch nicht genug? Wo wünsche ich mir Unterstützung, frage aber nie danach? Wo bin ich selbst viel zu kritisch mit mir? Wie kann ich die Dinge an mir lieben, die ich bisher selbst als Makel, als Mangel oder als Fehler betrachtet habe? Welches Geschenk oder geheime Superkraft kann ich im vermeintlichen Mangel/Fehler erkennen? Was ermöglicht es mir? ?

Verpflichte dich für einen Tag. Nimm diesen Tag als Experiment, um all das zu würdigen und bedingungslos zu lieben, das du in der Regel in deinem Alltag gerne von dir wegschiebst oder ablehnst. Überrasche dich selbst, indem du deine Gewohnheiten brichst. Mache dir Notizen dazu. Es ist eine wunderbare Gelegenheit, dir selbst zu begegnen.Stell dir vor: Du bist dein Heiliger Raum. Du bestimmst, was du in diesen Raum reinlässt und was von !

nun an keinen Raum (keine Aufmerksamkeit) mehr von dir bekommt. Schaffe dir deinen eigenen heiligen Raum.

♡ *Du bist ein fühlendes Wesen und kein Roboter mit ein paar Gefühlen.*

! *Werfe ab sofort alles, was du bisher gegen dich selbst gerichtet hast, in den Bewertungs-Mülleimer, ohne dich dafür zu verurteilen, dass es da war. Falls es dir schwer fällt, vergib dir, dass es dir schwerfällt. Es ist ok. Fälle heute keine Urteile über dich, sondern entsorge sie direkt im Bewertungs-Mülleimer. Sage zu dir:* **„Ich vergebe mir. Ich vergebe mir. Ich vergebe mir. Ich wähle neu. Ich wähle neu. Ich wähle neu."** *Und Morgen entscheidest du dann, ob du einen Tag weiter damit machst. Gehe von Tag zu Tag. Der Zweck dieser Übung ist, dass du lernst, deine Energie und Emotionen bewusst wahrzunehmen, sie zu lenken und zu beginnen, dich positiv und vor allem wohlwollend dir selbst gegenüber zu verhalten. Es ist leichter als du denkst. Doch du hast lange geübt, dir selbst mit Härte zu begegnen.*

♡ *Höre auf dich zu vergleichen.*

Sich zu vergleichen ist eine Strategie des Kleinen Ich und hat die Eigenheit, sich bestimmte Dinge zu Nutze zu machen! Entweder erhöhen wir uns selbst und erniedrigen dadurch andere (Größenwahn), indem wir zum Beispiel Dinge denken wie: „ah ja, dem anderen geht es ja noch viel schlechter als mir, oder: so wie der das macht, geht das ja gar nicht..." oder aber wir erhöhen den anderen und erniedrigen uns: „die anderen haben es ja viel besser als ich. Nur ich hab immer Pech...".

♡ *„Falsche" Bescheidenheit ist der wahre Größenwahn.*

Beides ist nicht wirklich gesund und beides bedeutet: Du bist nicht bei dir – mit dir verbunden. Das ist interessant, wenn wir generell auf das Thema Energie zu sprechen kommen. Wir wissen ja bereits, das im Grunde alles Energie ist. Du hast bereits einige Erfahrung mit deinem Energiekörper gemacht und angefangen, dich als Energie-Wesen zu begreifen. Du bekommst eine Ahnung davon, dass du nicht nur dein Körper bist, sondern ein spirituelles Wesen, das eine Erfahrung im und durch diesen Körper macht. Energie ist immer gebunden an Informationen. Information per se ist nicht gut oder schlecht, es ist einfach Information. Information und Energie. Bewusstsein und Energie gehen eine Fusion ein. Sie bedingen sich einander und erzeugen eine bestimmte Schwingung, eine Frequenz. Du kennst es vielleicht, dass du manchmal Menschen triffst und alles fühlt sich leicht und entspannt an, plötzlich geht es dir super gut, alle Schwierigkeiten und Sorgen scheinen wie weggeblasen, weil der andere so eine grundpositive Ausstrahlung hat. Genauso treffen wir manchmal auf Menschen, in deren Gegenwart wir uns unwohl fühlen, schlagartig werden wir müde, die Energie geht flöten... Und wie schnell bewerten wir uns oder den anderen dafür... Doch hinter jeder Energieform steht eine Geschichte. Und hinter jeder Geschichte stehen Erfahrungen und Lebensereignisse, die nicht jeder zu jeder Zeit einfach und gut verarbeiten konnte.

Wenn wir in früher Kindheit unsere Gefühle nicht ausdrücken konnten oder keinen Zugang im Umgang mit unseren Gefühlen fanden, bildeten sich in unserem Körper sogenannte Blocks und Imprints – energetische Eindrücke, die wir in unseren Zellen speichern. Grosse oder kleine traumatische Ereignisse, die, wie wir mittlerweile wissen, nicht immer dramatisch gewesen sein müssen. Schau dir den Begriff: Emotion genauer an: „E-Motion = Energie in Bewegung." Einstige Gefühle, die nicht zu Ende gefühlt werden konnten, werden nun also durch bestimmte Verhalten oder Ereignisse durch Andere (auch wenn das gar nicht deren Absicht war) getriggert – Dein System reagiert! Dein Bewusstsein und dein Organismus unterscheiden dabei nicht, ob das alt (aus deiner Erinnerung) ist oder neu, also gerade wirklich passiert! Darum ist es so wichtig, dich mit deinen eigenen Lebensereignissen noch einmal zu beschäftigen und eine Art Timeline, die ich dir gleich erklären werde, zu erstellen.

Wenn wir uns innerlich „anders" fühlen, verwenden wir in der Regel viel Energie darauf, uns anzupassen, um nicht (komisch) aufzufallen. Wie sehr würden wir uns entspannen können, wenn wir sicher wären, dass jeder Mensch einzigartig ist? Genau diese Einzigartigkeit ist das Besondere eines Jeden und sie bringt die menschliche Vielfalt erst so richtig zum Erstrahlen. Wenn wir aufhören, uns zu vergleichen und einfach der Freude, in etwas gut zu sein oder besser werden zu wollen in einer Sache, folgen könnten?! Nicht, um besser zu sein als jemand anderes, sondern um „unser Bestes" zu geben und die beste Version unserer Selbst zu werden/sein? Und dies nicht aus dem Anspruch der Selbst-Optimierung heraus, sondern aus der Freude heraus. Kannst du den Unterschied in dir spüren?

Die Timeline

Für die Timeline brauchst du ein Din A4 oder gar Din A3 Blatt, dass du bitte quer vor dich legst. Male in der Mitte eine horizontale Linie von links nach rechts. Links trägst du eine 0 für deine Geburt ein, rechts das Alter, dass du erwartest. Dazwischen markierst du alle 10 Jahre und trägst dein jetziges Alter ein. Mit kleinen vertikalen Strichen markierst und beschreibst du prägnante und besondere Erlebnisse deines Lebens. Positive nach oben, Negative nach unten. Dabei ist nicht wichtig, ob sie positiv oder negativ waren, sondern, wie du sie empfunden hast. Schreibe genau auf, wo es prägende oder einschneidende Lebensereignisse in deinem Leben gab. Als Beispiel: für manche war die Einschulung ein wundervolles Erlebnis, für andere war es der Beginn einer traumatischen Reise… Erinnere dich. Alles Erleben ist individuell. Du brauchst nichts beschönigen und bagatellisieren und auch nicht dramatisieren. Erlaube dir vielmehr herauszufinden, wie es sich wirklich für dich angefühlt hat. Es geht nicht darum, es anderen vorzuwerfen oder Schuld zu verteilen. Es geht nur um dich! Wie hat es sich für dich angefühlt?!

Diese Timeline ist besonders dann wichtig für dich, wenn du dich mit deinem Seelenweg und Seelenaufgabe beschäftigen und herausfinden möchtest, was der rote Faden (wiederkehrende Erfahrungen) in deinem Leben ist. Wenn du dich fragst, wofür du wirklich hier bist, bzw. welcher Sinn und Zweck sich aus deinen Lebensereignissen ergibt.

Du hast eine Vergangenheit, doch du bist nicht deine Vergangenheit.

Die Timeline bildet die Basis für deine persönliche Heldenreise. Das ist ein total spannendes Thema und für mich ist es jedesmal wie eine Abenteuerreise durch meine Seelenlandschaft oder in die meiner Klienten. Aus einem kargen oder voller Unkraut verwachsenen Garten erschaffen wir nach und nach einen wundervollen Seelengarten, der ganz und gar dir entspricht! Individuell, einladend und schön, mit klaren Begrenzungen, die deinen Raum skizzieren. Nicht um andere auszusperren, sondern um klar zu machen, wen du in deine Seelenlandschaft einlädst und wer draußen bleiben darf. Außerdem können wir unsere Grenzen erst dann wirklich sprengen (erweitern), wenn wir sie uns einmal bewusst gemacht haben, was sie sind und wo sie sitzen. Ich habe gelernt, dass Zäune (ganz real in echt) etwas sehr Wertvolles sind. Denn Menschen werden deine Grenzen immer überrennen, wenn du sie nicht setzt! Und dazu musst du deine Grenzen kennen. Das ist gesund! Doch wie alles, ist es das Maß, zwischen Abgrenzung und Offenheit, das den Unterschied macht. In meinem YouTube-Kanal (folge dem Link im Anhang) findest du ein Video mit dem Thema: „Macht fehlende Abgrenzung einsam?"

Du hast nun bereits gelernt, Dinge, die dir widerfahren sind, immer weniger zu bewerten, auch wenn es dir sicher immer wieder mal passiert. Das macht nichts. Darauf gehen wir später noch ein. Jetzt geht es darum, herauszufinden, wie du Situationen und Ereignisse damals erlebt hast und welche dich wie geprägt haben. Und was für Lebensentscheidungen du aufgrund dieser Erfahrungen getroffen hast?! Mit etwas Übung hältst du genug Abstand und erkennst deine Lernschritte und die Botschaften, die das Erlebte für dich bereit halten. Mit fortschreitender Übung erlebst du sie sogar als Bereicherung und in der Königinnendisziplin als deine Geschenke!! Freue dich darauf. Und wenn du hier alleine nicht weiterkommst, ist auch das kein Versagen. Im Gegenteil, sei es dir wert dir helfen zu lassen und Licht in deine Lebensgeschichte und Ereignisse zu bringen. Du hast eine Geschichte, doch du bist nicht deine Geschichte. Wir können nicht einfach „wegmachen", was wir erlebt haben (das wäre der alte Weg der Unterdrückung, der Ablehnung und des Übergehens), jedoch einen neuen, nährenden und wohlwollenden Umgang mit uns Selbst und den Erfahrungen finden, der uns stärkt und bereichert.

Es ist nicht, was du erlebst hast, sondern wie du damit umgehst.

So verwandelt sich dein Leben von einer zufälligen Aneinanderreihung von Ereignissen zu deiner ganz ureigenen Seelenreise – zu Dir. Vielleicht ist dir nun auch aufgefallen, dass da noch ein recht großer Teil deiner Timeline „unbeschrieben" und viel Platz für Neues ist.

Frage dich: Was in deinem Leben möchte ich noch erfahren? Wie möchte ich von heute an mein Leben gestalten? Mit welcher Haltung möchte ich auf mich und mein Leben blicken? Du allein schreibst dein Lebensbuch. Niemand außer dir gibt deinem Leben Richtung, Sinn und Erfüllung.

06

Die Sprache der Seele

Dort, wo wir uns selbst nicht verstehen, sind wir abhängig von der Bestätigung, der Meinung oder der Annahme durch andere im Außen.

Alleine nur das zu sehen und wirklich in der Tiefe seiner Bedeutung anzuerkennen, ist einer der wichtigsten Schritte in unserem Sein. Denn auch, wenn wir uns hier alle zu der Gruppe der Empathen zählen (oder du gerade erst darüber erfährst) und du emotional sensitiv bist, ist und bleibt auch das nur eine Schublade, eine Richtung. Sie soll dir dienen, dich selbst besser zu verstehen und eine neue Ebene der Selbstakzeptanz zu bekommen. Wir sind alle sehr individuell und unterschiedlich. Und doch gibt bestimmte Überschneidungen. Hochempathische, vielwahrnehmende, feinfühlige Seelen nehmen insgesamt mehr Reize auf, und unser Nervensystem braucht Zeit, vor allem aber Raum, um die Reize wirklich verstoffwechseln und ausfiltern zu können. Alles will in uns erst durchfühlt werden. Das bedeutet nicht, dass wir nicht auch blitzschnelle Entscheidungen aus unserer Intuition treffen können. Doch dazu brauchen wir die Anbindung und das Vertrauen in unser Fühlen! Zu was allem wären wir in der Lage, wenn wir aufhören könnten, unsere Energie zu binden an die fixe Idee „mit uns würde etwas nicht stimmen, wir oder die Welt müsste anders sein?!" Denn genau über diese Fixierung ermächtigen wir andere und ihre Meinungen über uns und unser Leben. Für mich war es eine der größten Herausforderungen in meinem Leben, mich selbst zu verstehen. Besonders in Situationen, in denen ich mich fragte: „Stefanie, reagierst du jetzt über? Stimmt mit dir was nicht?" Wenn ich nicht einordnen konnte, ob das Gefühl, die Reaktion „drüber" ist, oder ob sie vielleicht sogar angemessen in dieser Situation wäre?! (Ein krasses Beispiel, um es zu verdeutlichen: Ein Kind, das missbraucht wird, wächst trotzdem mit der Idee auf, dass das normal sei! Es kennt es ja nicht anders. Gleichzeitig fühlt es ein Unbehagen, das es nicht benennen kann. Etwas stimmt nicht. Es macht daraus: mit mir stimmt etwas nicht. Wäre ich in Ordnung, würde mir das nicht passieren. Besonders, wenn es noch vermittelt bekommt, der andere mache das nur aus Liebe zu ihm. Das ist zwar jetzt ein plakatives Beispiel, aber bei den kleinen Manipulationen und Erpressungen funktioniert das ganz genauso. Ein Kind kann solche Irritationen nicht einordnen, denn die Eltern oder Erwachsenen sind ja erstmal unantastbar. So machen die Kinder sich selbst dafür verantwortlich und bagatellisieren mitunter Erlebnisse um des Überlebens Willen. (Und das ist erst mal auch gut so!!))

Aus solchen Situationen stammen oft auch Sprüche wie: „sei nicht so empfindlich, ich meins doch nur gut, stell dich nicht so an, andere schaffen das doch auch, es tut doch nicht weh", ... das sind oftmals Sätze, die wir uns auch als Erwachsene gerne noch in Dauerschleife selbst erzählen. Wichtig an dieser Stelle ist es mir, noch einmal zu erwähnen, dass wir so den natürlichen Zugang zu unseren Gefühlen, wie Wut und Traurigkeit nicht wirklich entwickeln konnten. Dies aber ist notwendig, um uns ein natürliches Gespür dafür zu geben, ob etwas „richtig und gut" für uns ist oder nicht. Ein weiterer Aspekt ist, dass du nichts davon selbst erlebt haben musst. Es ist möglich, dass bestimmte Eindrücke und Gefühle, die du dir nicht erklären kannst, als generationsübergreifende Themen in deinen Zellen gespeichert sind. Oder deine Eltern es, ohne ihr Wissen, an dich weiter getragen haben, weil sie es in sich nicht sehen und erlösen konnten. Aus diesem Grund ist so wichtig zu verstehen und anzunehmen, dass wir emotional, sowie auf Energieebene, auf einmal all diese vielen Dinge und Reize wahrnehmen und dafür einfach Zeit brauchen, um sie zu verarbeiten und in uns eine Klarheit darüber zu finden.

Dazu gehört auch die Frage: Ist es überhaupt meins? Wir kommen nicht umhin, uns selbst zu reflektieren und ganz aufrichtig selbst zu betrachten. Worum geht es wirklich? Was löst es in mir aus? Was geschieht wirklich? Wie möchte ich mich dazu positionieren? Was ist mein Standpunkt dazu? Was könnte den anderen dazu bewogen haben, sich mir gegenüber so zu verhalten? Ist es mein oder das Thema des anderen? Was brauche ich, um mich davon lösen zu können? Kann ich es beim anderen lassen? Wenn nein, wieso nicht? ?

Um solche Fragen wirklich beantworten zu können, müssen wir die dazugehörigen Emotionen und Gefühle erst einmal zulassen, denn sie liefern uns die Botschaften für unsere Ausrichtung, Werte und die Haltung uns selbst, den anderen und dem Leben gegenüber! Indem wir uns obige Aussagen mantrenhaft einreden oder einreden lassen, tun wir genau das nicht!! Und dann sind wir nie ganz und gar bei uns – geschweige denn, mit uns selbst verbunden! Es ist eine einfache Ablenkungsstrategie unseres Kleinen Ichs, dessen höchstes Ziel Schutz und Sicherheit sind, um uns nicht mit uns selbst und solchen Fragen, auseinander setzen zu müssen.

Viele sagen, unsere Seele spricht in Bildern mit uns. Das stimmt auch, aber ich möchte noch tiefer gehen. Diese Bilder lösen bestimmte Gefühle in uns aus. Diese Gefühle sind die Sprache unserer Seele, die uns untrüglich leiten. Sie navigieren dich und deinen Weg. Jede deiner Entscheidungen triffst du auf Grund deiner Gefühle – selbst, wenn du bisher überzeugt warst davon, dass du ein rationaler Kopf-Entscheider bist. Jede Entscheidung ist immer eine Folge deiner Emotionen aufgrund deiner Erfahrungen und Erlebnisse aus der Vergangenheit. Das Ziel ist immer, dich gut oder sicher zu fühlen oder eine „bedrohte und auch geliebte" Sicherheit wieder herzustellen. Und wenn du das nicht einschätzen kannst, wirst du eher zögern.... Du willst dich nicht besser denken, du willst dich besser fühlen! Denken hilft uns, unseren schlechten Gefühlen, die wir uns meist einreden, zu entkommen und in andere Welten zu entfliehen. An dieser Stelle möchte ich kurz den Begriff „Spiritual Bypassing" erläutern. Denn auch Spiritualität kann dazu genutzt werden, den Schmerz zu vermeiden, anstatt die Einstellung dahinter zu erfassen und „zu heilen". Dann versuchen wir, die für uns schmerzhaften Themen „schön zu reden" und mit Licht und Liebe zu überdecken und mit Blümchen zu garnieren. „Du musst einfach nur vergeben." Es ist so wichtig, uns hier nichts vorzumachen und uns selbst gut zu beobachten. Ja natürlich. Auch ich spreche ja davon, doch wenn wir unsere wahren Gefühle und Emotionen nicht miteinbeziehen, sind wir weiterhin „abgetrennt" von unserem wahren Selbst. Es braucht beides!

Positiv zu sein bedeutet nicht, keine negativen Gedanken zu denken oder sich dafür schlecht zu fühlen, sondern, dich von ihnen nicht kontrollieren zu lassen.

Dein Fühlen ist also der Schlüssel in dein Glück. Doch dazu musst du lernen, dir deine Gefühle zu Eigen zu machen und sie zu verstehen, anstatt sie in Kategorien von gut und schlecht einzuteilen. Jedes Gefühl ist wichtig! Dein Fühlen ist dein wichtigster Anzeiger für deine zukünftigen (Lebens-)Entscheidungen: „davon will ich mehr, davon will ich weniger". Ist dieser Zugang verschüttet, hältst du dich unter Umständen selbst in Lebenssituationen gefangen, die gar nicht wirklich zu dir gehören. Noch schlimmer wird es, wenn du andere oder gar dich selbst „beschuldigst" in dieser Lage zu sein. Wenn etwas scheiße ist, dann muss es sich auch scheiße anfühlen, sonst merken wir es nicht und können es auch nicht ändern! Oder? Sorry, wenn ich mich hier gerade etwas drastisch ausdrücke, aber das ist so wichtig zu verinnerlichen. Viel zu oft machen wir gute Miene zum bösen Spiel und reden uns ein: „Das wird schon. Es war ja nicht so gemeint. Ich bin bestimmt nur wieder empfindlich. Der andere wird sich schon ändern. Ich muss mich nur noch mehr anstrengen." Nein, genau damit solltest du aufhören. So einfach ist das!

Es bedarf unserer inniglichen Auseinandersetzung mit dem, was wir wirklich fühlen, sonst entwickeln wir uns nicht wirklich weiter, treten auf der Stelle und stagnieren in unserer natürlichen Entwicklung und Reifung.

Sooo lange fühlte ich mich ungenügend. Bis ich erkannte, dass ich mir „von der Welt, beziehungsweise was ich dafür hielt" einreden ließ „ich solle anders sein". Ich hörte auf, der Welt, „den Stimmen in meinem Kopf" zu glauben und fand darin – mich!

So lange wir unbewusst sind, bleiben wir im Spiel der Polaritäten und springen zwischen den Polen hin und her. Wir bagatellisieren Erlebtes oder dramatisieren es. Wir alle kennen sie, die kleine Dramaqueen in uns, sowie die Stumpfe, Abgeklärte, die abwinkt und sagt: „Ach, die anderen hatten es doch viel schlimmer!" Es bleibt ein unaufhörliches Pendeln. Bis wir Innehalten, Anhalten und Hinschauen.

Wirklichkeit ist das, was wirkt!

Es ist wichtig zu verstehen, dass wir Dinge bagatellisieren oder klein reden, um uns zu schützen und abzulenken, weil der damit verbundene Schmerz zu groß und unüberwindbar scheint. Tatsächlich halten wir den Schmerz so aber am Leben. So behält er die Macht über uns. Das Motiv dahinter ist also meist Selbstschutz aus Angst vor dem Schmerz. Wenn eine Person bei Themen die dir wichtig sind, abwinkt oder sich mit etwas nicht konstruktiv auseinandersetzen kann, ist das ein Schutzmechanismus. Dann bleibt es ein Kreislauf, für den wir uns entscheiden. Du kannst ihn nur für dich durchbrechen oder aufrechterhalten. Dabei geht es eben nicht darum, nichts mehr zu fühlen, sondern, dass was du fühlst, zu umarmen, mit ihm zu wachsen, die Bedürfnisse dahinter zu erkennen und sie in uns selbst zu versorgen. Wir sind es gewohnt, andere für unser Glück verantwortlich zu machen und halten wiederum uns verantwortlich für das Glück anderer. Es ist eine Verdrehung. Natürlich bedeutet es nicht, anderen Menschen respektlos gegenüber zu treten. Doch was ist mit deinem Respekt dir gegenüber? Es gehört zusammen und darf beides sein! Es ist nicht gesund, dein Glück für die Bedürfnisse anderer aufzugeben oder dich darüber zu definieren. „Dein Glück liegt in dir" bedeutet: Indem du dein Glück lebst und ihm folgst, bist du automatisch ein Gewinn und eine Bereicherung für alle in deinem Umfeld.

Ein glücklicher Mensch ist offen, teilt gerne, hat Mitgefühl und übernimmt die Verantwortung für sich und sein Leben.

Glück ist etwas, das sich potenziert, wenn wir es teilen, aber wir erreichen es nicht, indem wir es anderen überlassen, uns glücklich zu machen oder auf unser Glück, für das vermeintliche Glück anderer, zu verzichten. Es gibt so viele Geschichten, die wir uns selbst erzählen. In der Timeline hast du dir noch einmal vor Augen geführt, was du alles erlebt hast. Welche Geschichten davon erzählst du dir heute immer noch, ohne zu wissen, ob sie überhaupt noch stimmen?

Es ist die Identifizierung mit deinen Geschichten, die dich hindert, dir ein glückliches, erfülltes Leben zu kreieren.

Das heißt: an unseren Ängsten kommen wir nicht vorbei.

Der Weg aus der Angst ist der Weg durch die Angst.

Lass uns also genauer schauen, was unsere gespeicherten Emotionen und die darunter liegenden Gefühle mit unsern Ängsten und Schatten zu tun haben. Denn sie sind die Energie, aus denen wir unsere Entscheidungen treffen. In Wahrheit kostet es mehr Energie, sich nicht zu verändern, als die Dinge anzugehen, die unsere Energie binden. Gleichzeitig ist es wie eine Sucht nach den chemischen Botenstoffen unseres Körpers, die zwischen Bestätigung „siehst du, ich wusste es doch, ich hab es nicht verdient" und Versöhnung/Erleichterung „hast du mich doch noch lieb" pendeln. Ist dir der Begriff: „emotionaler Muskelkater" schon mal zu Ohren gekommen? Das beschreibt den Zustand nach einem Streit oder einer Auseinandersetzung. Wenn die Emotionen hochkochen, bis hin zur Versöhnung oder auch nicht. Du fühlst dich danach, als wärest du einen Marathon gelaufen. Auf mental-emotionaler Ebene bist du erschöpft.

? *Bevor wir weitergehen, lass uns folgende Fragen betrachten: Welche Vorbilder hattest du in deinem frühen Umfeld, wenn es um Gefühle ging?*
Wie wurde in deiner Familie mit Gefühlen umgegangen?
Wie war die Grund-Stimmung in deinem Kindheits-Zuhause?
Wie oft lagen Frustration, Aggression, Unzufriedenheit oder Unaufrichtigkeit in der Luft? Gab es eher ein Gefühl von Ohnmacht, Taubheit, emotionaler Abwesenheit, Überforderung, Unzulänglichkeit, …? Wieviel Leichtigkeit und Verständnis gab es? Gab es Verbündungen zwischen dir und einem Elternteil gegenüber den anderen? Wurde nach Auseinandersetzungen wieder eine wirkliche Beziehung aufgebaut? Wurden Probleme und Konflikte „totgeschwiegen"? Gab es Aufmerksamkeit und liebevolle Zuwendung nur, wenn du krank warst?
War dein Leben erfüllt von Liebe, Nähe, Dasein, Verständnis, Verbundenheit, Annahme, Begegnung, Unterstützung, …? Oder war es eine undefinierte Mischung aus irgendwie allem? Gab es Liebesentzug oder emotionale Erpressung? Wie harmonisch hast du dein Zuhause erlebt? Wie waren deine Eltern füreinander (und für dich) da?!

Es geht hier um eine Bestandsaufnahme. Wenn du dich mit solchen Fragen noch nie ernsthaft auseinander gesetzt hast, könnten sie dich anfangs emotional leicht überfordern oder eine innere Abwehr in dir erzeugen. Wenn das für dich jetzt nicht geht, dich urteilsfrei – so, wie es für dich war – ohne richtig und falsch – Schuld oder Unschuld – damit auseinanderzusetzen, dann bitte respektiere das erst mal. Vielleicht ist der Schmerz im Moment noch zu groß, um dir selbst bei diesen Fragen liebevoll zu begegnen. Ist das so, bist du gerade mit deinem Kleinen Ich identifiziert. Und auch das ist ok. Nur bitte mache eine Sache anders. Übergehe dieses Gefühl jetzt nicht. Du bist die höchste Instanz in deinem Leben. Es fühlt sich unangenehm an. Ok.

Jetzt hast du die Gelegenheit deinem kleinen, verletzten Ich zu signalisieren: „Hey, ich bin da. Es ist ok. Ich beschütze dich. Einst ging das nicht. Jetzt finden wir einen neuen Weg". Langsam. Atme durch. Hau nicht ab. Vielleicht kannst du jetzt zum ersten Mal in deinem Leben, diese kleine, zerbrechliche Version von dir wirklich sehen und annehmen. Ist das nicht schön?

Gut. Ja, auch das bist du! Du bestimmst das Tempo. Dann ist das erst mal das, was gerade ansteht. Es ist ok, jetzt nicht sofort weiter zu gehen. Du bist hier nicht in der Schule. Es geht nicht um Leistung und nicht um Erwartung. Vielleicht überlegst du dir, ob es für dich sinnvoll ist, dir hier Unterstützung zu suchen und jemanden zu finden, der dir den Halt gibt, bis du gelernt hast, ihn dir selbst zu geben. Wir gehen natürlich später auch den Ablauf solcher Heilungs- und Integrations-Prozesse durch. Vielleicht magst du dann noch einmal zu den vorigen Fragen zurückkehren. Es geht darum, dein Vertrauen in dich wieder zu finden und zu festigen. Vertraue deiner höheren Intelligenz und deiner innewohnenden Kompetenz. Du bist geführt und du weißt, was für dich das Beste ist. In jedem Augenblick. Und wenn du dich traust und hinschaust, sollte das so weit wie möglich bewertungsfrei sein. Denke an den Bewertungs-Mülleimer aus Kapitel 5: „Ah, so war es, so habe ich es empfunden." Es ist nicht, was du bist! Vielmehr geht es darum, herauszufinden: bist du in (echtem) Frieden mit deiner Vergangenheit und wie stark wirkt sie bis in dein Heute und hält dich davon ab, das Leben zu leben, das wirklich dir entspricht und das du dir von Herzen erträumst?! Schon bald wirst du lernen, wie du deinen inneren Anteilen, vor allem aber deinem Kleinen Ich, liebevoll begegnest und es an den Platz setzt, an den es natürlicher Weise gehört. Auf keinen Fall an das Steuerrad deines Lebens.

! *Im Anhang findest du einen Link zur Übung: Wie du deine Energie- und Zeiträuber enttarnst auf Basis „des Systemischen Portraits". Oft binden wir uns an vermeintlich wichtige Dinge und verlieren aus den Augen, was wirklich relevant und wichtig für uns ist. Der erste Schritt zu Veränderung ist auch hier immer die Erkenntnis: „Bin ich bereit, mich an die erste Stelle in meinem Leben zu stellen?"*

07

Das ungelebte Leben und das Innere Kind

Ich assoziiere das Innere Kind vorwiegend als das Kleine Ich, aus dem sich unsere Ego-Persönlichkeit entwickelt. Besonders in der spirituellen Szene wird das Wort Ego nicht nur inflationär, sondern meist auch sehr abwertend verwendet: „Du bist ja nur im Ego. Komm´ mal klar. Stell dich nicht so an". Daraus schließen wir, dass es etwas gäbe, das wir mit viel Anstrengung zu überwinden hätten. So ist das mit der Sprache. Wir hören etwas, ziehen Schlüsse daraus, ohne das Ganze oder den Kontext im Auge zu behalten. Wir sind zwar sehr komplexe Wesen, wenn wir allerdings ein paar Regeln kennen und beachten, wird es sehr einfach, uns selbst und das Leben zu verstehen. Anscheinend haben wir so einen automatischen: „mal-schauen-wie-kompliziert-ich-es-mir-machen-kann-Generator" eingebaut. Jedoch: Gott ist einfach! Alles, was dich weg bringt von dir, deinem wahren tiefen inneren

Gefühl, in den Kopf, nach Außen in philosophische, hochtrabende Konzepte, ist das Gegenteil dessen, worum es beim Fühlen geht!

♡ *Das Innere Kind ist der ursprüngliche Kindaspekt in dir.*

Je mehr Regeln (manche sind natürlich total wichtig und gut), Bedingungen, Erwartungen, Ansprüche oder Beschränkungen wir erfahren, desto weniger natürlich und neutral wird aus diesem Inneren Kind ein starker Mensch er-wach-sen können. Doch es geht noch tiefer. Wir alle haben gewisse Schattenaspekte in uns, die sich aus Ereignissen, die wir negativ erfahren haben, speisen. Es wird uns zwar gesagt und beigebracht, wir sollen nicht neidisch sein, nicht eifersüchtig und vor allem nicht gierig, missgünstig..., aber jeder von uns kennt diese Gefühle. Stimmt's? Somit verurteilen wir diese Aspekte in uns und schließen sie weg.

♡ *Auch solche, für uns negative Gefühle und Empfindungen, tragen wertvolle Informationen in sich.*

Wir dürfen erkennen lernen, welche Botschaften für uns in ihnen stecken. Stattdessen pressen wir uns in gesellschaftliche Normen von richtig und falsch, schwarz und weiß.

? *Frage dich ab sofort lieber: Was wollen diese Gefühle mir eigentlich sagen? Nehmen wir an, du bist neidisch oder eifersüchtig auf eine Person, bei der scheinbar alles leichter läuft als bei dir. Worauf weisen diese Gefühle dich hin? Wo lebst du deine Potenziale (noch) nicht? Wo versagst du dir Dinge, weil du nicht an dich glaubst? Sagst du dir: „alle anderen schaffen es, nur ich nicht?" Vielleicht verbietest du dir sogar glücklich zu sein, weil...? Wo lebst du nicht dein Leben, sondern die Erwartungen anderer?! Das, was du eigentlich in dir spürst, aber nicht weißt, wie du es je für dich erreichen kannst?*

Diese Gefühle sind eine Einladung für dich, dich darauf zu besinnen was „wirklich deins" ist und was dein Herz zum Schwingen bringt.

Doch was machen wir stattdessen? Wir schämen uns und schieben diese Aspekte und Gefühle von uns weg, verschließen sie in gut geschützten Räumen in unserem Inneren. Wir legen eine schön geblümte Decke darüber, ein zurecht geformtes Selbstbild des guten Mädchens und des braven Jungen!! Allein das ist schon anstrengend genug. Gell? Doch auch diese Schatten bleiben lebendig in uns und wirken aus der Tiefe. Diese Kellerkinder, manche sprechen auch vom Schattenkind, sind eine Art abgespaltene Anteile deines Selbst. Alles, was sie eigentlich möchten, ist verstanden, angenommen und geliebt zu werden! Doch dazu kommen wir noch. Vor kurzem arbeitete ich mit einer sehr jungen Frau an der Integration ihrer inneren Anteile. Irgendwann fuhr es aus ihr raus: „ach, das ist doch alles sch…., so viele Anteile. Ich habe keine Lust mehr. Das bin doch alles ich"! Ich atmete durch und hielt inne. Dieser Moment war heilig. Denn hier passierte etwas sehr essentielles. Sie machte in diesem Moment einen wichtigen Schritt zu sich. Zu ihrer Wahrheit. Ihr Vertrauen zwischen uns war so gewachsen, dass sie „sie selbst" sein konnte und aussprach, was sie wirklich dachte. Ja manchmal ist es anstrengend, sich mit diesen Schatten-Aspekten auseinanderzusetzen, die uns nicht gefallen. Wir fallen in die Überidentifizierung – das bin doch alles ich und ich kann das nicht, oder in die Dissoziation – das hat mit mir alles nichts zu tun! Doch es geht um den Moment, in dem alles „da sein" darf – und muss. Und all die Wut, die Traurigkeit, die Scham, die Überforderung, die damit einhergeht… Der Aspekt von ihr war jetzt aktiv, der weiter wütend sein wollte, auf die Welt, der kein Verständnis haben und anderen nicht vergeben wollte. Und genau das ist wichtig. Denn das ist „Wahrheit".

VERGEBEN – *ich gebe anderen zurück, was ihnen gehört und hole mir zurück, was mir gehört.*

Sie wollte trotzig sein und wütend! Und das war der heilige, intime Moment der Heilung! Ich fragte sie, wie sie jetzt weiter machen möchte und sie meinte: „Boah, das war jetzt wichtig. Das ist der Anteil, der mich abschalten lässt, der verhindert, dass ich weitergehen kann. Dann geht der Kopf zu, ich kriege Kopfweh, kann nicht mehr zuhören, nicht mehr still sitzen, mich nicht mehr konzentrieren, ich will einfach abhauen oder werde bissig". Ja genau. Da war es. Ein kleines, bissiges Mädchen, das um seine Autonomie und ihr „So Sein" kämpfte. Indem sie diesen Anteil sah und verstand, welcher Wunsch nach Selbstbestimmung und Entscheidungsfreiheit sich dahinter verbarg, entstand Frieden in ihr. Wir machten weiter.

Es gibt nichts, das wichtiger ist als Du!

Viele solcher „Schatten-Aspekte", in Form von negativen Gefühlen, die unser System speisen, gehören gar nicht wirklich uns. Es sind übernommene, weitergegebene Moralvorstellungen und Normen, die wir durch unsere Umfelder annehmen oder sogar epi-genetische Übertragungen. Das heißt, wir halten diese Ideen für natürlich und normal, weil wir sie nie hinterfragt haben.

Als Alia zu mir in die Praxis kam, sagte sie, „sie wolle nicht mehr, das Frauen Frauen unterdrücken". An diesem Punkt wusste ich bereits, dass ich mit dieser Seele arbeiten wollte. Sie gab mir einen kleinen Einblick in ihr

Familien-System und ich staunte über ihre bereits vorhandene Klarheit und Sicht auf „das System". Als ich ihr rückmeldete, dass sie das genau richtig erfasst hatte, mit allem was daran hing an familiären Konflikten, weinte sie. Denn niemand konnte ihr bisher bestätigen, was sie sah und wahrnahm. Sie war damit komplett alleine, wodurch sie sich oft ausgegrenzt fühlte und eben nicht wusste, ob es an ihr lag. Etwas in ihr dachte: Sie sei das Problem. Und sie müsse sich mehr anstrengen, besser integrieren, den „Elefanten im Wohnzimmer" wie alle anderen auch, ignorieren. Im Verlauf unseres Prozesses fanden wir uns im Thema der Scham, und wie sehr dieses Thema die Frauenlinie ihrer Familie über Generationen betraf. Alia wollte nicht, dass ihre Tochter mit dieser Speicherung weiter aufwuchs und darum dieses Thema für sich lösen. In der Aufstellung hielt sie die Scham wie ein riesen schweren Koffer in der linken Hand (Gefühls- und weibliche Seite), dieser drohte sie in den Abgrund zu ziehen. Ich fragte sie, ob sie sie loslassen möchte, doch sie antwortete: „ich kann nicht, dann falle ich mit". Die Angst zu fallen (nicht zu wissen, was dann an die Stelle der Scham rückt), war größer als die Aussicht auf die Befreiung davon. Wir prüften, ob es irgendwo noch eine unsichtbare Fessel gab, wir sonst etwas übersehen hatten, aber nein, da war nichts mehr. Selbst die Ahninnen sprachen ihr bereits Mut zu, endlich loszulassen.... Wie konnte sie die nötige Sicherheit bekommen, dass nichts Schlimmes passierte? Ich lenkte ihre Aufmerksamkeit zu ihrer Tochter und fragte Alia, was sie sich für sie wünscht. Alia ist eine sehr ruhige, tiefe Frau. Sie wendete sich nach innen und ergründete die Antwort auf die Frage in sich! Jetzt kam voller Überzeugung aus ihr: „Freiheit!" und ließ los! Der Abgrund verschwand und sie spürte sicheren Boden unter ihren Füßen! Ihr Erlösungssatz, der kurz darauf entstand war: „Wir sind frei und verbunden im Herzen mit allen Frauen der Welt!"

Für mich ist das Innere Kind die Ur-Version unserer Selbst. Du bist unschuldig und rein. Gleichzeitig bist du eine ewige Seele und inkarnierst in deine Familie und dieses System aus gutem Grund. Du dachtest bis heute vielleicht, dass deine Familie dich prägte, was auch ein Teilaspekt ist, doch du bist so viel mehr! Deine Familie gibt dir die perfekte Bühne, damit du deine Seelenthemen erkennen und erlösen kannst, um in deiner ganzen Kraft und Größe zu erstrahlen. Wenn du also bestimmte Ahnenthemen übernommen oder getragen hast, dann, weil du ursächlich dieses Thema in dir erkennen und erlösen wolltest. Deine Familie dient dir dazu. Dein Geschenk an sie ist es, die dafür nötigen Schritte zu tun, auch wenn sie das in ihrem Kleinen Ich niemals sehen oder begreifen können. Doch nun bist du frei, das Geschenk, das sie dir gegeben haben: nämlich dein Leben, ganz zu dir, in deine Hände zu nehmen und etwas Gutes damit zu machen! Du erkennst dein Kleines Ich und das eines Jeden als einen Teilaspekt einer viel größeren, allumfassenden Ganzheit, in der sich göttliche Erfahrung spiegelt.

Gott erfährt sich durch dein Vergessen. Durch dein Erinnern kehrst du zurück in deine göttlichen Essenz und Ur-Energie deiner Seele.

Alles in deinem Leben, all die Schatten, die Kellerkinder, die vergessenen, weggeschlossenen Anteile, helfen dir dabei, diesen Weg sicher zu stellen. Je mehr du dich deiner inneren Wahrheit und Reinheit im Herzen besinnst und mit der Essenz deines Inneren Kindes verbindest, desto strahlender und leichter wird sich dein Leben entfalten. Vor allem aber wird es jetzt zu deinem gelebten Leben.

Du bist hier, um die Liebe Gottes zu empfangen und zu verkörpern und diese in deinem Leben auf deine Art und Weise zum Ausdruck zu bringen.

Alia arbeitete sich jahrelang an ihrer Familie ab, anstatt ihre Kräfte und Gaben für sich und ihr Leben einzusetzen. Und so wie ihr und mir früher, ergeht es unzähligen Menschen. Wenn du Symptom-Träger oder gar das „schwarze Schaf" deiner Familie bist (oder dich still und heimlich so fühlst), dann schau hier genau hin. Das Geschenk darin ist dein befreites Leben.

Wichtig an dieser Stelle ist mir auch zu erwähnen, das die wenigsten Erwachsenen wirklich erwachsen sind, sondern genau in diesem Spiel der unerlösten, emotionalen Anteile ihres Lebens (Kleines Ich oder Ego-Persönlichkeit) feststecken. Früher machte mich das traurig. Heute weiß ich, es ist eine Entscheidung dafür oder dagegen. Beides kann in diesem Augenblick das Richtige sein, genau diese Erfahrung so zu machen. Bis es langweilig wird. Oder bis es einfach reicht und dann wird diese Seele ebenfalls bereit sein, weiter zu gehen. Als hochempathische Seele bist du jetzt an diesem Punkt. Es ist der natürliche Lauf der Dinge (der Natur Gottes) und der persönlichen Entwicklung über die Verkörperung dieses Lebens hinaus.

In der Konsequenz bedeutet es: dein geheiltes Inneres Kind – das Goldene Kind – in dir ist der Aspekt all deiner göttlichen Potenziale, Gaben, Ressourcen, deiner höchsten Werte und Ideale in vollkommener Reinheit und Freiheit für dieses Leben. Seine Schattenaspekte oder Kellerkinder sind die Aspekte deines Seins, die bisher als ungeliebte, unterdrückte oder weggeschobene Anteile – aus allen Inkarnationen – in dir darauf warten, von dir angenommen und erlöst zu werden. Und in jedem von ihnen steckt ein Aspekt von Weisheit, Reinheit, von Göttlichkeit und Freiheit, der von dir noch erkannt und angenommen werden möchte. Einzig und allein, um dich in deine wahre Größe zu führen und dich selbst für dein freies Leben zu ermächtigen. Du bist bereits frei. Deine Entscheidung für Unfreiheit und Fremdbestimmung entsprechen deinem freien Willen nach dieser Erfahrung. Es ist deine Wahl. Und du kannst sie jeden Tag neu treffen.

♡ *Es ist dein Leben. Du bist genau richtig so wie du bist. Deine Gefühle zeigen dir den Weg.*

Natürlich erfordert dieser Weg deine Aufmerksamkeit und ein hohes Maß an Selbstreflektion. Aber zu viel Reflektion kann auch zu einer heiligen Kuh mutieren und so in Selbstzerfleischung münden, so dass du alles und jeden – und vor allem dich – nur noch hinterfragst und unter dem Aspekt deines Kleinen Ich betrachtest. Es geht an diesem Punkt nicht darum, dich immer weiter zu hinterfragen. Dein Weg will dir dienen, nicht dein Leben bestimmen. Es entspringt aus dem tiefen Wunsch und deinem Willen (vielleicht bisher auf unbewusster Ebene), dich von Schubladendenken und Kategorien wie richtig und falsch, gut und schlecht, schwarz und weiß zu lösen. Wenn du das, aus welchem Grund auch immer, jetzt nicht kannst oder willst, dann ist auch das ernst zu nehmen und zu respektieren. Dann ist für dich jetzt was anderes dran. Suche dir in diesem Fall bitte etwas, das besser zu dir und deinen Bedürfnissen passt. Doch, wenn du bis hierher gelesen hast, geht es für dich sicherlich genau darum, diesen Schritt – zu dir hin – jetzt zu machen. Diesen Schritt in deine Ganzheit. In deine Essenz. In deinem Herzen gibt es keine Polarität. Dort löst sie sich auf. Wir verwechseln das oft damit, dass wir dann glauben alles hinnehmen zu müssen und keine eigene Meinung mehr haben zu sollen. Es gibt einen guten Grund, auch für unseren analytischen Verstand, zu unterscheiden was gut – konstruktiv – für uns ist und was zerstörerisch – destruktiv – ist, uns klein und im Opfer- oder Problembewusstsein gefangen hält. Folge diesem Funken in deinem Herzen. Deine Seele ruft dich und sie zeigt dir genau, was jetzt für dich dran ist in deinem

Leben. Dafür ist sie da. Sie ist direkt verbunden mit deinem Herzzentrum und kommuniziert mit dir. Ist dein Herz verletzt oder hast du es verschlossen, fällt es dir zu Beginn schwerer, diese innere Stimme wahrzunehmen und ihr zu folgen. Es ist ein Prozess – eine Reifung in dein Erwach-s-en werden, und deine Seele kennt den Weg. Jemand, der nicht an diesem Punkt ist, mag es vielleicht nicht verstehen oder nachvollziehen können. Darum brauchst du andere auch nicht zu überzeugen. Das wird niemals funktionieren. Es ist eine Tarnkappe und führt dich einzig und allein zu mehr Schmerz und Unzufriedenheit. Zu den toxischen Gedanken- und Gefühlsmustern, aus denen du so sehnlich aussteigen willst. Du bist bereits vollkommen. Je mehr du übst, zu dir zu stehen, desto unabhängiger bist und bleibst du auch davon, Bestätigung von anderen für dich und deinen Weg bekommen zu wollen. Je mehr du dich verstehst, wirst du zum Leitstern für andere, die sich nach dem Selben sehnen wie du. Frieden erreichen wir dann, wenn wir eine Art Gelassenheit entwicklen können zu dem, was die Welt uns spiegelt. Wir können es sehen, beobachten und immer weniger damit identifiziert sein. Gelassenheit ist die Folge von Vertrauen und den Glauben daran, dass wir „mehr sind" als unser Kleines Ich, sowie die Gewissheit, dass wir von etwas Größerem durchdrungen sind. Das ist aus meiner Sicht das, was wir Aufstieg oder Erleuchtung nennen könnten. Einst sind wir als göttliche Funken „herunter" gekommen und haben uns an die Frequenz der Erde angepasst und hier Erfahrungen gemacht. Wir haben „vergessen" wer/was wir sind und nehmen uns als „getrennt" vom Rest wahr. Hier sind wir völlig abhängig von unserem Umfeld.

Dies ist die ***erste Ebene des Unterbewusstseins****, die für unser Überleben und unsere Urinstinkte zuständig ist. Diese* ***abhängige Liebe****, kennen wir von kleinen Kindern zu ihren Eltern. In Abhängigkeit von unserer „Erziehung"* !

und den Konditionierungen unseres Umfelds „erwachsen" wir in eine Norm, die wir als Gesellschaft irgendwann kreiert und uns auf sie „geeinigt" haben. Hieraus entsteht die **zweite Bewusstseinsebene** einer **bedingten, moralischen Liebe**, die sich „verdienen oder beweisen" muss. Es ist die Ebene von Lob und Tadel, Recht und Unrecht und wenn…dann…, die dem Gesellschaftsbewusstsein unserer „Kulturlandschaft" entspricht. Erheben wir uns aus dieser auf die nächste, die **dritte Bewusstseinsebene** der Bewusstheit, werden uns plötzlich Dinge bewusst, die wir davor vielleicht als „normal" oder „richtig" betrachtet und nie hinterfragt haben. Wir sehen plötzlich Dinge auf eine neue Art und Weise und erfassen Macht-/ Ohnmachtstrukturen, denen wir vorher „ausgeliefert" waren, neu. Dies ist ein wichtiger Lösungs- oder Abnabelungsprozesse, der die Macht-/Ohnmachtsverhältnisse zwischen Kindern und Eltern und später mit anderen, neu definiert. Hier entscheiden wir, ob wir weitergehen oder festhalten. Dann entfaltet sich eine sich gegenseitig **freilassende Liebe**. „Ich gehe meinen Weg und du deinen". Dies ist oft schmerzhaft und wird darum meist nicht ganz oder gar nicht vollzogen. Auch Kontaktabbrüche zwischen Eltern und ihren Kindern finden hier ihren Ursprung, weil einer oder beide Seiten nicht die Individualität des anderen anerkennen will oder kann. Viele versuchen mit Trotz, Erpressung oder Rebellion, sich gegenseitig zu „erziehen" und sagen: „sieh doch, das ich Recht habe" oder „hab mich doch lieb, so wie ich bin". Doch die Rollenverteilung bleibt bestehen. Es bedarf der emotionalen Lösung und das Erwach-s-en über die Kind-/Eltern-Ebene hinaus!! Hier entscheiden wir uns also dafür, weiter zu gehen oder in unserem alten, bestehenden System zu bleiben. Das, was wir **bedingungslose Liebe** nennen, erreichen wir durch die Integration der verschiedenen Formen von Liebe und sie ist eine Folge davon! Diese **vierte Bewusstseinsebene** können wir auch Überbewusstsein oder einfach „göttliches Bewusstsein" nennen.

Wenn wir unseren Blick also nochmal weiter dehnen, wird uns bewusst, dass wir uns oft in vermischten Zuständen und verwickelten Rollen dieser unterschiedlichen Bewusstseinsebenen befinden. Wir brauchen für unser wahres Selbst also die Einbeziehung aller Ebenen: unsere Psyche, die mit unserem Inneren Kind und Seelenheil assoziiert ist, sowie unser spirituelles Selbst als Fundament und Kompass unserer Seelenentwicklung und Wachstum, um vollständig unsere Inkarnation (irdische Ebene) in diesem Leben mit allen Möglichkeiten und Potenzialen als Geschenk anzunehmen. Wir sind eingeladen, unsere größere Wahrheit im MenschSein zu verkörpern. Zwar können wir uns auch gegen unsere Entwicklung stellen, doch hält genau das uns weiter im Drama und der Über-Identifizierung. Oder wir be-/nutzen die Spiritualität, um uns von dem Schmerz der irdischen Illusion abzutrennen... Doch genau in der Fusion deines Mensch-Wesens mit deinem Göttlichen Sein liegt deine Macht und Kraft und das Leben, für das du als hochempathische Seele angetreten bist. Die Urwunde der Trennung vom Göttlichen „heilt", weil du nie getrennt warst. Du kehrst nach Hause zurück – in dich hinein – und beginnst das Leben zu leben, für das du „bestimmt" bist!

Was, wenn die Liebe zu Gott und die Liebe zum Selbst ein und dasselbe ist?!

08

Das Fühlen fühlen lernen

Lass uns also mal die 5 Grundgefühle genauer betrachten:

• ANGST • TRAUER • SCHAM • WUT • FREUDE •

Und jetzt erinnere dich. Keines dieser Gefühle ist negativ. Ja, sie können unangenehm sein. Manchmal sogar schmerzhaft. Aber nicht negativ. Sie alle tragen eine wichtige Botschaft in sich, die, wenn wir sie entschlüsseln, uns dient und unser Kompass ins Glück ist. Wenn wir uns also diesen Zugang verwehren, finden wir niemals heraus, was uns wirklich glücklich macht. Stattdessen leben wir Vermeidung, um zu verhindern, mit den Gefühlen, die wir als unangenehm empfinden, in Kontakt zu kommen. Wenn wir also nicht in Kontakt mit unseren wahren Gefühlen kommen, können wir uns nicht wirklich mit uns selbst und somit auch mit anderen, verbunden sein! Das wiederum hat zur Folge, dass wir den anderen zumuten, für unser Glück und die Erfüllung unserer Bedürfnisse verantwortlich zu sein. Dann scannen wir: ist der andere nett, freundlich und wohlgesonnen oder abwertend und gemein und projizieren das Verhalten anderer komplett auf uns. Jede Stimmung wird gewertet! Doch es ist nicht die Aufgabe anderer Menschen, dich glücklich zu machen. Und es ist auch nicht deine, das für andere zu tun und dich darüber zu definieren. Das ist viel mehr das Dilemma unserer Gesellschaft, weil es uns als Nächstenliebe „verkauft" wurde. Dadurch kommen viele Missverständnisse und Erwartungen zustande, die unseren unserem eigentlichen Wunsch nach Verbundenheit und Gemeinschaft entgegenstehen.

Schauen wir uns also an, was unsere Gefühle uns wirklich sagen und was wir daraus für uns erfahren und lernen können! Das dient uns natürlich auch, andere besser verstehen und einordnen zu können. Aber bitte, jetzt und hier geht es in erster Linie um dich und um deine Reaktionen im Umgang mit anderen Menschen oder Situationen. Nicht um ihren Umgang dir gegenüber! Das ist natürlich auch wichtig, um dich abgrenzen zu können. Doch es fällt uns in der Regel viel leichter, den Splitter im Auge des anderen zu finden, anstatt den Balken vor unseren Augen zu entfernen.

Mit der folgenden Auflistung, inspiriert aus dem Buch „Die Kraft des bewussten Fühlens" von Clinton Callahan, veröffentlicht im next culture press Verlag, 3. Auflage 2016, möchte ich dir einen Überblick über die 5 Grundgefühle geben.

GEFÜHL: FREUDE

Interpretation: Das ist richtig!
Kraft: Anziehung
Schatten: Illusion
Aufgabe: Wertschätzung
Archetyp: König/ Königin

Wenn du dem folgst, was dir Freude macht und dir Leichtigkeit bringt, hast du automatisch das Gefühl: Das ist richtig. Ich bin richtig! Ich bin und folge meinem Weg – meiner Bestimmung. Und du hast eine magische Anziehungskraft auf Menschen, die das suchen, was du aus deiner Individualität ausstrahlst. Der Schatten ist, der Illusion zu folgen: echte Freude z.b. mit Anerkennung von anderen zu verwechseln. Das heißt, dein Motor für Freude ist Anerkennung von Außen, nicht Freude, die der eigenen inneren Wertschätzung entspringt. (Das ist tatsächlich oft die Falle des Helfersyndroms!) Der Archetyp: Der König/die Königin besagt: ich habe meinen Platz im Leben eingenommen und ich diene mir und dem Leben mit meinen Gaben, Talenten und Fähigkeiten.

GEFÜHL: ANGST

Interpretation: Das ist furchtbar
Kraft: Schöpfung
Schatten: Lähmung
Aufgabe: Kreativität
Archetyp: Magier/ Magierin

Haben wir Angst, fühlen wir uns meist erst mal gelähmt und ohnmächtig. Wir haben das Gefühl, keine Kontrolle zu haben, was das Gefühl der Angst wiederum verstärken kann. Viele unserer Ängste basieren auf traumatischen Erfahrungen, die wir irgendwann erlebt haben und nicht verarbeiten konnten. Diesen alten Schmerz wollen wir um jeden Preis vermeiden.... Darum ist das Erste, was wir auch hier üben dürfen, die Annahme, dass da etwas als bedrohlich und furchtbar empfunden wird. Wenn wir die Angst annehmen, beginnen wir uns mit unserer Schöpfungskraft zu verbinden und neue kreative Wege zu finden. Angst verbindet uns also mit dem Neuen, noch

Unbekannten, und ohne Angst würden wir uns nicht bewegen. Als Magier/ Magierin des Lebens gestalte ich mir mein Leben nach meinen Wünschen und Bedürfnissen.

GEFÜHL: WUT

Interpretation: Das ist falsch
Kraft: Klarheit
Schatten: Zerstörung
Aufgabe: Handlung
Archetyp: Krieger/ Kriegerin

Wut ist ein wichtiger Anzeiger für: Da ist etwas falsch, hier stimmt etwas nicht. Sie ist also extrem wichtig, um uns in unsere Klarheit zu bringen. Die Meisten von uns haben allerdings Wut als etwas abgespeichert, das sich nicht gehört, und somit fehlt uns Wut oft als Zugang zu unserer Klarheit. Wut wird mit ihrem Schatten der Zerstörung gleichgesetzt. Doch das ist eben „nur" ihr Schatten. Wut lenkt uns und zeigt uns, wo Handlung notwendig ist. Unreflektierte Wut wird nach außen gerichtet oder mündet in passive Aggressivität, Sarkasmus und Verhöhnung. Der Krieger/die Kriegerin allerdings nutzt ihr Schwert, um sich mit einer größeren Wahrheit zu verbinden und echten Frieden herzustellen.

GEFÜHL: TRAUER

Interpretation: Das ist schade!
Kraft: Liebe
Schatten: Passivität
Aufgabe: Annahme
Archetyp: Liebende/ Liebender

Zu Trauern ist etwas Essentielles in unserem Leben, um uns zu verabschieden und mit Veränderungen umgehen zu können. Tun wir das nicht, entwickeln sich Depressionen, ausgeprägte Verlustängste oder Kontrollzwänge. Das „Verrückte" scheint hier zu sein, dass Annahme ein mehr passiver Akt zu sein scheint, denn der Schatten besagt: „ich bin ein Opfer und ich kann daran nichts ändern". Durch die Annahme, dass es sich nicht ändern lässt, wenn zum Beispiel ein uns wichtiger Mensch stirbt, wandelt sich jedoch der Widerstand in die Kraft der Liebe. Die Liebende/der Liebende geben sich Zeit und Raum und bleiben verbunden über das unsichtbare Band der Liebe. Wenn etwas zu Ende geht, dann ist das Schade! Es ist ein Kapitel im Lebensbuch, das sich schließt, damit ein Neues beginnen kann. Akzeptanz und Loslassen sind Qualitäten, die die Trauer uns lehrt.

GEFÜHL: SCHAM

Interpretation: Ich bin falsch
Kraft: Demut
Schatten: Selbstzerfleischung
Aufgabe: Selbstreflektion
Archetyp: Weise/Weiser

Die Scham ist ein weit unterschätztes und wenig beachtetes Gefühl, das uns mitten im Kern unseres Wesens trifft. Ich bin falsch/mit mir stimmt was nicht. So ist deine Scham ganz eng mit deinem Selbstwert verknüpft. Anders ausgedrückt: Scham verhindert, dass du dich selbst als einen wertvollen Teil einer Gemeinschaft oder der Gesellschaft siehst und dich für dein Sein anerkennen kannst! Dazu sollten wir auch verstehen, dass unsere Gesellschaft auf dem Schuld- und Scham-Konzept aufgebaut und darüber definiert und identifiziert ist! Das bedeutet, wir kommen nicht umhin, uns unseren eigenen

„schambehafteten Themen" zuzuwenden und zu reflektieren, ob wir dieses Scham-Schuld-Konzept wirklich weiter in unserem Leben nähren wollen? Oberflächlich bis in unseren tiefsten Kern kann „die Scham" uns erschüttern:

Was denken die anderen = Scham = Selbstwert!
Ist mein Garten ordentlich genug?
Ist es sauber genug?
Was denken die anderen über mich?
Wie stehe ich (vor den anderen) da?
Wenn das jemand über mich wüsste.....
Kann ich mich voller Aufrichtigkeit im Spiegel betrachten?

Wenn Scham unerkannt bleibt, verhindert sie, dass wir uns mit unserer ursprünglichen Natur verbinden und unseren natürlichen Seelenenergiestrom spüren und ausdrücken können.

♡ *„Sei schamlos" bedeutet einfach nur: ich drücke mich nach meinem natürlichen Wesen aus! Ich folge meiner Freude.*

Scham ist ein natürliches Navigationssystem, dass dir hilft, die Freiheit anderer zu respektieren und ihre Grenzen nicht zu übertreten. So werden Macht-Missbrauch, Übergriffe oder bewusstes bzw. absichtsvolles Verletzen Schwächerer verhindert. Doch auch hier scheint das Pendel wieder weit in eine Richtung zu pendeln: entweder wir zerfleischen uns aus der Idee, alles richtig und bloß nichts falsch zu machen – schlechtes Gewissen – oder wir treffen auf Menschen, die ihr Gewissen und jegliche Selbstreflektion scheinbar irgendwo als überflüssig abgegeben haben! Scham ist also genauso natürlich wie Angst (vor echter Gefahr), z.B. an einem Abgrund zu stehen und nicht runterzustürzen und ein Grad unserer Reife und Tugendhaftigkeit. Diese natürlichen Grenzen sind in unserer Gesellschaft oft komplett verschoben. Unerlöste Scham macht uns und ganze Bevölkerungsgruppen tatsächlich lenk- und manipulierbar. Wieso?

Weil wir von unserer natürlichen Emotionalität, den dahinter liegenden Gefühlen und schließlich unserer inneren göttlichen Führung „getrennt" sind.

Wir haben den inneren Gott nach Außen verbannt, ihn zum Richter ernannt und ihn von Außen in Form von Recht und Moral wieder über uns gestülpt. Dann haben wir es vergessen, dass wir das getan haben und verlernt, unseren inneren Gefühlen und Wahrnehmungen zu folgen. „Fühlen was ist" ist also der Schlüssel zurück in unsere innere und äußere Freiheit und Wahrheit.

So gesehen sind „die Trennung und das Vergessen" die eigentliche Krankheit dieser Zeit. Die Heilung ist genauso bitter wie einfach. Wir müssen uns erinnern. Für dieses Erinnern brauchen wir einen Schmerz (den Schmerz der Trennung), der größer ist als unsere Angst vor der Scham, was wir über uns selbst erfahren, wenn wir uns wieder nach Innen wenden. In unserer natürlichen Verbindung unserer im inneren liegenden Göttlichkeit fallen die Konzepte von Scham und Schuld nämlich in sich zusammen.

Scham ist in den meisten Fällen also „nur" ein Konstrukt in meinem Kopf. Wenn ich mich schäme, fühle ich mich falsch und habe Angst, andere könnten denken/sagen/sehen: dass mit mir etwas nicht stimmt. Darum wollen wir gleich/angepasst oder schön unauffällig sein und bleiben. Bloß nicht auffallen und Gefahr laufen, aus unserer Sippe ausgestoßen zu werden. Das macht Scham und ist übrigens auch der Grund, warum Missbrauchsopfer sich oft nicht trauen, darüber zu sprechen, was ihnen widerfahren ist. Weil sie fälschlicher Weise die Verantwortung für das Verhalten des „Täters" übernehmen und den eigentlichen Fehler bei sich vermuten.

Scham ist ein natürliches Navi, die uns reflektieren lässt, wo unsere persönliche Freiheit endet und die Freiheit des Anderen beginnt.

Sie hilft uns, die Verantwortung für unsere Taten zu übernehmen (Reflektionskraft), jedoch sind wir nicht verantwortlich für das, was andere uns antun (Selbstzerfleischung), sondern sie! Kein Gefühl an sich ist falsch. Sie geben uns wichtige Hinweise und sind relevant! Die Frage ist, zu welchen Handlungen sie uns ver-führen.

Scham verhilft uns, uns selbst zu reflektieren. Fehlt ein bewusstes Auseinandersetzen mit der Scham, führt sie zur Selbstzerfleischung oder Unfehlbarkeit.

Wenn also Scham dein Thema ist, dann lass dir gesagt sein:

Nein, es ist nicht ok, wenn jemand dir sagt: stell dich nicht so an!
Nein, es ist nicht ok, wenn du dir sagst: ich muss mich nur noch mehr anstrengen, noch mehr Verständnis zeigen, noch mehr meine eigenen Bedürfnisse zurückstellen und dass es bestimmt nur mein Ego ist, warum ich mich so mies fühle!
Nein, es ist nicht ok, wenn jemand dir sagt: du musst dich ändern, damit ich mich besser fühle!!
Nein, es ist nicht ok, wenn du dir einredest, dass bestimmt mit dir etwas nicht stimmt!
Noch weniger ist es ok, wenn jemand dir sagt: sei doch nicht so empfindlich

und du solltest mal deine Emotionen besser in den Griff bekommen!

Stop! Deine Emotionen senden dir wichtige Signale und zeigen dir vor allem, wo du selbst oder andere, deine eigenen Grenzen übergehst!

Diese Emotionen bilden nicht ab, was real ist, aber sie sind ganz sicher nicht falsch!! Sie bilden ab, was du fühlst. Und dieses Fühlen ist wichtig, damit du deine Grenzen erkennen, setzten und dann auch völlig frei entscheiden kannst, ob du sie dehnen oder überwinden möchtest! Dich schlecht, emotional unsicher, ausgenutzt oder übergangen zu fühlen, ist ein wichtiges Warnsignal für dich!! Doch wir sind oft so programmiert, dass wir diesen Signalen nicht mehr folgen. Denn sie machen nicht nur Sinn, sie sind auch super wichtig, damit du dich in deinem Leben glücklich und sicher an deinem Platz fühlen kannst!! In der Tat hast du hier einen Job zu machen! Aber nicht der, dich noch mehr zu verbiegen und anzustrengen, sondern anzuschauen, warum du das machst und warum du so sehr abhängig von dem Wohlwollen anderer bist – selbst, wenn sie dir nicht gut tun!

Es sind nicht die offensichtlichen Dinge, sondern das Rauschen in deinem tiefen Inneren, was dir anzeigt, dass hier etwas nicht stimmt und Manipulation, (Macht-) Missbrauch, emotionale Erpressung, etc. im Spiel sind....

Das betrifft oft Menschen, die emotional sehr sensitiv und fühlig unterwegs sind! Sie sind dafür „gemacht", Unstimmigkeiten aufzudecken und sichtbar zu machen! Doch dafür ist es nötig, dass sie sich ihren eigenen Schatten-Themen stellen und sich trauen, sich ihren eigenen Ängsten, Emotionen, unerledigten Themen zu widmen und zu reflektieren. Nicht in der Selbst-Zerstörung, doch aber in einer radikalen Offenheit, die manchmal auch erst mal weh tut! Ja! Doch, höre jetzt auf, dir weiter diese Geschichten einzureden/einreden zu lassen! Und schau hin! Schau genau. Es ist Zeit, die Verantwortung für dich zu übernehmen, statt dich blindlings auf andere zu verlassen. Lass dich auf dich selbst ein. Alle Antworten und deine tiefe, innere Verbindung findest du nur hier – in dir!

Es ist Zeit, deinen Wert und deine Werte nach deinen Maßstäben zu definieren und für dich zu leben.

09

DU BIST WERTVOLL

Verinnerliche dir zuerst das Folgende: *Dein Wert ist vollkommen unabhängig von deinen Leistungen.*

Solange du Dinge nur für die Anerkennung von Außen tust, haben deine Erfolge „für dich" keinen Wert. Das ist völlig gegenteilig zu dem, was wir beigebracht bekommen, bzw. interpretiert haben, aufgrund unseres Schul- und Bildungssystems uns unserer gesellschaftlichen Erziehung.

Du bist bereits grundlegend wertvoll, wundervoll, einzigartig und vollkommen, genauso wie du bist!

Und jetzt sag mir, wenn du mal einen kleinen Moment so tust, als wäre das wirklich deine volle Überzeugung: *Wie fühlt sich das an? Was würde sich ab sofort in deinem Sein und Tun verändern?*

Wir glauben, unsere Welt würde dann nicht mehr funktionieren, wenn keiner mehr etwas muss. Ich glaube, dass unsere Welt und unser Menschsein erst dann wirklich beginnt, sich in ihrem ganzen Potenzial zu entfalten, wenn alles aus echter Wertschätzung, Wohlwollen und Würdigung entstehen würde. Nicht, weil wir müssen, sondern weil wir wollen! Das verstehe ich unter Liebe für uns selbst „und unserem Nächsten". Weil es nur so nicht der Scham, einem schlechten Gewissen, der Verpflichtung, einem übertriebenem Verantwortungsgefühl oder dem Wunsch geliebt zu werden, entspringt.

Müssen macht keinen Spass, erzeugt Druck, unterdrückt Kreativität und deine natürliche Entfaltung. Wenn du deinen Wert kennst, diesen ganz an und zu dir nimmst, lebst du von Innen nach Außen. Unabhängig davon, ob jemand im Außen gut findet was du tust. Weil es reicht, dass du es gut findest und Freude daran hast! Wir erleben von Klein auf ein anderes Szenario: du machst etwas, siehst, damit hast du Erfolg, dann machst du mehr davon. So passiert Konditionierung. Das machen Kinder so. Auf diese Weise passen sie sich an. Doch genauso werden wir zu konditionierten, angepassten Robotern und trennen uns mehr und mehr von unserer inneren Anbindung an unsere natürliche Freude. Wir lernen für den Zucker von Anerkennung und „Liebe" zu funktionieren, anstatt aus Lust, Liebe und Freude (innerer Anerkennung) heraus zu wirken! Ein ebenfalls wichtiger Aspekt ist die negative Aufmerksamkeit. Bekommen wir keine Aufmerksamkeit für die positiven Dinge in unserem Sein, beginnen wir negative Szenarien zu kreieren. Denn schlimmer als negative Aufmerksamkeit, ist gar keine Aufmerksamkeit und das Gefühl „egal" zu sein, für jede zarte Seele.

Du bist bereits wertvoll. Egal, ob du den ganzen Tag auf einem Stuhl sitzt und in die Luft schaust, ständig irgendwas „verkackst" oder Bestsellerautor,

Reinigungsfrau oder Professorin bist. Wichtig zu verstehen ist, dass es auf der Ebene des Seins keinen Unterschied macht. Es ist nur der Ausdruck deiner Selbst. Und der wiederum hängt eben untrennbar damit zusammen, was du über dich denkst oder für dich in deinem Leben für möglich hältst. Ich habe für mich akzeptiert, dass ich ein „Wellenarbeiter" bin. Ich schaffe manchmal ganz leicht, ganz viel und kann gar nicht aufhören. An anderen Tagen tue ich gefühlt gar nichts. Da kommt vielleicht nur ein Satz, was ja total wenig scheint. Doch vielleicht hat mein Geist, mein Sein den ganzen Tag oder länger gebraucht, um diesen Satz in sich reifen und „kommen" zu lassen. Manche Dinge brauchen innerlich manchmal Wochen, einen Monat, oder gar Jahre, bis ein Thema in uns so heranreifen kann, dass wir es formulieren und ausdrücken können. Dieses Buch wollte ich so lange schon schreiben, aber es wollte erst in mir heranreifen. Und ob es jetzt für jemanden anderen „einen Wert" hat oder nicht, entscheidet der andere für sich und nicht mehr ich! Das hat mit mir gar nichts mehr zu tun. Ist das nicht spannend? Wenn ich hingegen versuche „den perfekten Satz" zu formulieren, den jeder versteht und toll findet.... Wo bin ich dann? Richtig. Nicht mehr bei mir! Also lass uns weitergehen und tiefer eintauchen.

Wie definierst du deinen Wert? Bist du wert-voll oder minder-wertig? Wie oft am Tag redest du dir ein, dass du nicht gut genug, überfordert, unzulänglich oder ungenügend bist? Wie oft am Tag tust du Dinge, ohne die innere Motivation dessen, was du tust zu kennen? Vielleicht einfach nur, weil du glaubst, dass andere (oder du selbst) es von dir erwarten? ?

Sind „Depression" oder „Burn Out" so gesehen nicht tolle Einrichtungen, um uns auf solche tiefliegenden Muster und Programmierungen aufmerksam zu machen?!

Das Leben ist ein einziges, riesiges Feedbacksystem.

Ist das nicht sinnvoll, auf diese Weise Feedback zu bekommen vom Leben – also sozusagen von sich selbst: „Hey, du bist gerade nicht auf deiner Spur. Halte mal inne und prüfe, was du wirklich willst, was dir wirklich wichtig ist?! Bist du gerade auf deinem Weg"? Es ist ein Hilferuf deiner Seele, dass sie etwas anderes für dich vorgesehen hat, dass du für etwas anderes hier bist bzw. vom natürlichen Pfad deiner Seele abgekommen bist... Doch das ist kein Versagen oder Fehler. Es ist da, um etwas geradezurücken, was in Schieflage geraten war. Jedoch nicht, weil mit dir etwas nicht stimmt oder du falsch bist, sondern, weil niemand dir einen anderen, verbundeneren Weg – im Einklang mit dir – zeigen konnte. Weil „die Erwachsenen" es auch nicht besser wussten. Doch nur, weil es alle gemacht haben und es als „normal" angesehen wird, bedeutet es doch nicht, das es „richtig" ist an sich? Depression, Burn Out und ähnliche Phänomene sind unter diesem Aspekt also nicht mal Krankheiten an sich (d.h. nicht, dass ich sie dadurch bagatellisiere oder sie nicht in kompetente Hände gehören und mit Aufmerksamkeit „behandelt" werden sollen! Es geht mir nur um einen anderen Blick auf das Ganze und somit auch anderen Möglichkeiten „des Heilseins"), sondern ein Symptom und Anzeiger dafür, dass wir nicht unseren inneren Wert entsprechend leben und handeln.

Was also sind deine Werte? Das sind die Dinge, die dir wirklich wichtig sind und die du von anderen erwartest, das sie dir gegenüber eingehalten werden. Nehmen wir an: Integrität wäre etwas, das dir sehr wichtig ist. Du magst integre Menschen und hältst dich selbst für sehr integer. Jetzt fragt dich jemand, ob du etwas Bestimmtes für ihn tun kannst. Du merkst sofort, dass das für dich eigentlich gerade nicht in Frage kommt oder du gerade keine Zeit oder Energie dafür hast. Jedoch bist du gut erzogen und kannst nicht einfach einem Anderen einen Wunsch abschlagen. Du sagst entgegen deinem inneren Gefühl „Ja". Mach dir klar, dass du dich in diesem Moment bereits verlassen und dich selbst übergangen hast. Was hättest du geantwortet, wenn du deine Integrität voll verkörpert und zu dir genommen hättest?! Verstehe mich nicht falsch, auch das ist kein Fehler! Wir sind einfach so lange darauf konditioniert und indoktriniert, das Wohlbefinden anderer über unser eigenes zu stellen. Auf uns selbst zu achten hingegen wird als hoch egoistisch „bewertet". Wie sollen wir aber „Achtung" von anderen bekommen, wenn wir uns selbst permanent „missachten"? Du siehst, das Ganze ist ziemlich tricky und gleichzeitig wird es immer einfacher, wenn wir die Verdrehungen, die wir bisher als normal erachteten, mal durchschaut und über unseren Tellerrand geschaut haben.

Ein weiteres Beispiel: Nehmen wir an, Freiheit ist einer deiner größten Werte. Aber auch hier ertappst du dich ständig dabei, dass du Dinge tust, nicht aus deiner Freiheit, sondern weil du glaubst, dass du sie tun musst. Auch fällt es dir schwer andere „frei" zu lassen. Immer wieder fallen dir Dinge ein, die andere besser oder anders machen sollten... Oder du sorgst dich um andere und gestehst ihnen nicht zu, ihre eigenen Erfahrungen machen zu können. Das sind nur kleine Beispiele, die uns zeigen, wie wichtig Werte auf der einen Seite sind und wie schnell sie zur Falle und zur „heiligen Kuh" für uns selbst werden können. Hier braucht es Gewahrsein und Bewusstheit. Andernfalls werden sie zu großen Verhinderern für uns. Was wir aber am allermeisten brauchen ist die Erlaubnis, bedingungslos und radikal alles zu durchfühlen was da ist, damit wir es in uns erfahren, verinnerlichen und daraus neue, stimmige Entscheidungen treffen können. Und diese Erlaubnis können nur wir selbst uns geben!

Willst du zum Beispiel sehr erfolgreich werden, was immer das jetzt für dich heißt, musst du bereit sein damit aufzuhören „Everyones Darling" zu sein! Das heißt nicht, dass du unfreundlich bist oder wirst. Aber genau das ist der Punkt: klare Entscheidungen zu treffen und sie auch so zu kommunizieren, bedeutet auch, Menschen, die das nicht erfüllen oder akzeptieren können, loszulassen, weil es für sie dann nicht das Richtige ist....

Du brauchst die Bereitschaft und vor allem den Willen, dich von deinem Selbstbild – von deiner Identifizierung „so bin ich die Gute", zu lösen. Und glaube mir, das wird sich immer erst mal unangenehm anfühlen, weil du nicht deinem gewohnten Muster folgst. Dein Emotionalkörper – die emotionalen Speicherungen in deinen Zellen – wird „Alarm" signalisieren. Das wiederum heißt, an diesem Punkt wird es richtig sein, wenn es sich „falsch" anfühlt! Ein Paradox. Es gibt viele Ebenen und Aspekte, die wir uns hier anschauen und von denen aus wir das Ganze betrachten können, und immer wird es einen anderen Aspekt des Ganzen erhellen. Wollen wir uns wirklich weiterentwickeln und in unsere Größe eintauchen, müssen wir genau dazu bereit sein: deinen Ist-Stand zu betrachten und neue, besser zu dir (deinem heutigen Ich) passende Entscheidungen zu treffen. Vermeiden wir das Hinschauen mit allen Emotionen, die das mit sich bringt, vermeiden wir den Wandel. Dieses von uns antrainierte Verhalten bringt noch einen weiteren Schatten mit sich: wir blockieren die Entwicklung einer tieferen, authentischen Beziehung, sowohl zu uns selbst als auch zu unseren Mitmenschen. Denn auch sie tragen die Hoheitsgewalt über ihren persönlichen Wachstum und die Verantwortung für ihre Gefühle. Wir verhindern auf diese Weise die natürliche Entfaltung und Entwicklung von Kompetenzen und Selbstwirksamkeit zwischen zwei Individuen und ihrer freien Wahl.

Wir haben bereits beleuchtet, dass die meisten Konflikte Loyalitätskonflikte zwischen unseren Bedürfnissen und den Bedürfnissen anderer sind. Stellen wir die Bedürfnisse anderer über unsere eigenen, begehen wir sozusagen Selbstverrat. Unsere Bedürfnisse sind eng mit unseren Werten verknüpft und streben unaufhörlich nach Erfüllung. Den meisten Menschen und vor allem „uns Hoch-Empathen" ist Harmonie sehr wichtig. Doch es ist wichtig zu verstehen, welche Bedürfnisse sich hinter diesem Wert verbergen. In unharmonischen, konfliktgeladenen Situationen fühlen wir uns nämlich schnell verunsichert, ungenügend, verantwortlich, instabil. So lernen wir meist früh, Konflikte zu vermeiden, indem wir unsere Bedürfnisse nach Sicherheit und Annahme, mit einem harmonischen Miteinander „verwechseln. Der Wert Harmonie wird somit zum Spielball unseres tieferen Bedürfnis nach Sicherheit und wir verlernen Grenzen zu setzen und für uns einzustehen. Wir sind dann emotional permanent damit beschäftigt, was anders sein sollte als es gerade ist, anstatt das anzugehen, was wir eigentlich wollen. Es ist essentiell, unsere wahren Bedürfnisse kennen zu lernen und neue Wege zu finden, sie zu versorgen. Je mehr du darauf bestehst, dass andere dir deine Bedürfnisse erfüllen, wird dieser Grundkonflikt als gebundene Energie wie ein riesiger, unsichtbarer Rucksack den Rücken deines Lebens erschweren. Loyalitäts-Konflikt, Werte-Konflikt, Identitäts-Konflikt. Am Ende geht es immer wieder um dich.

Wenn deine Bedürfnisse mit den Werten tanzen, weil du sie nicht kennst, entsteht ein Identitätskonflikt darüber, wer oder was du bist.

Welche Bedürfnisse liegen hinter den Werten, die dir so wichtig sind? Die Meisten von uns haben ein großes Bedürfnis nach Sicherheit und Stabilität. Ist das nicht gesichert, werden wir viel Zeit und Energie damit verbringen zu versuchen, diese emotionale Sicherheit zu erhalten oder wieder herzustellen. Meistens, weil wir das so gelernt und trainiert haben, über das Außen – von und durch andere! Dieses Bedürfnis steht dann unserer Entfaltung und dem Erreichen unserer wahren Ziele im Weg. Dehnen wir uns aus und begeben uns auf neue Pfade, müssen wir wissen, dass das immer einen gewissen Grad an Unsicherheit mit sich bringt. Um hier wirklich weitergehen zu können und nicht auf der Stelle zu treten, brauchen wir den Zugang zu unseren tieferen Bedürfnissen und Strategien. Sobald wir diese kennen, können wir herausfinden, wie wir uns am Besten um sie kümmern, unabhängig vom Außen. Genauso kann es auch vorkommen, dass wir Werte dafür be-nutzen oder gar missbrauchen, um unsere Bedürfnisse erfüllt zu bekommen!! Das bedeutet, wir schieben unsere Werte vor, um unsere Bedürfnisse durch andere erfüllt zu bekommen.

Nehmen wir an, eine Frau hat in ihrer Kindheit viel Missachtung und wenig Anerkennung erlebt. Achtung und Anerkennung sind für sie zu wichtigen Werten geworden. Auch wenn sie nach Außen hin viel erreicht hat, wird dieses Thema „Achtung und Anerkennung" sehr wichtig für sie bleiben. Sie tut viel für dieses Gefühl, von anderen „geachtet zu werden und für ihre Leistungen Anerkennung zu bekommen". Doch eigentlich gibt es da immernoch dieses kleine Kind in ihr, dass sich nur nach Annahme sehnt, um so ihr Bedürfnis nach Sicherheit und Geborgenheit zu stillen. Dafür übertritt sie also permanent ihre persönlichen Grenzen, um so ihre eigentlichen Grundbedürfnisse zu sichern. Vermutlich wird sie sich trotzdem oft beschweren, dass sie immer so viel tun muss und andere ihren Einsatz gar nicht wirklich würdigen können. Doch in Wahrheit muss sie erkennen, wo sie sich selbst missachtet und sich selbst noch nicht angenommen hat.

Unsere Werte gehen also immer mit unseren natürlichen Bedürfnissen einher, die wiederum fest mit unserem Selbstbild verknüpft sind. Über dieses Selbstbild sichern wir ab, wie wir uns selbst sehen wollen – und andere uns sehen und wahrnehmen sollen! Solche energetischen Verwicklungen zu erkennen und zu erlösen, erfordert natürlich etwas Zeit und Geduld. Vor allem aber den tiefen Wunsch darüber hinaus, in unser volles Potenzial wachsen zu wollen. Auch dieses Bedürfnis nach Ausdehnung und Selbstverwirklichung ist natürlich und sollte niemals als egoistisch, übertrieben oder falsch abgetan werden. Es stammt aus einer Quelle jenseits unserer Vorstellungen und Identifikationen über uns selbst. Und es entspricht der natürlichen Vollkommenheit unseres Seins – einer Quelle, die größer ist, als wir selbst und unser Kleines Ich.

Werte, deren dahinter liegenden Bedürfnisse uns nicht klar sind, erzeugen unter Umständen eine große Ansammlung von Ansprüchen, Erwartungen, Perfektionismus an uns selbst und andere.

Schreibe dir also nun deine persönliche Werte- und Bedürfnis-Liste. (Im Anhang findest du eine Auflistung vieler Werte und Bedürfnisse zu deiner Inspiration). Fragen, die dich unterstützen: Welche Werte sind dir wichtig? Welche Bedürfnisse hast du? Unterstützen sie sich gegenseitig? Oder stehen sie in Konkurrenz zueinander und fördern dein Konfliktpotenzial?

Deine Werte sollten dich motivieren und dir helfen, deine Bedürfnisse zu erfüllen. Tun sie das nicht, solltest du bereit sein, dich von ihnen zu lösen, anstatt an ihnen festzuhalten. Denn sonst werden sie zu Pfählen, die wir einrammen und zu „heiligen Kühen", die wir „anbeten".

Nehmen wir an, du bist verheiratet. Alles ist gut, doch wenn du ehrlich bist, habt ihr euch auseinander gelebt. Das ist auch ok, denn jeder macht sein Ding. Es gibt keinen Grund etwas zu verändern. Außerdem ist „Familie" auch ein super wichtiger Wert für dich. Nie würdest du diese aufs Spiel setzen. Plötzlich kommt jemand in dein Leben und erinnert dich, wie prickelnd, schön und leicht das Leben sein kann. Vielleicht ist es nur Einbildung. Vielleicht spürst du aber auch, dass es doch nicht mehr reicht, was zwischen dir und deinem Ehe-Partner war/ist. Du musst dich nun entscheiden, für das neue Unbekannte, oder aber auch die Chance darin erkennen, dich nochmal bewusst für deinen Partner zu entscheiden und daran aktiv (und zwar mit ihm zusammen) zu arbeiten. Was aber, wenn der es gar nicht will? Er will auch nicht, dass du gehst. Aber etwas verändern? Nö. Er hat ja kein Problem. Das hast ja nur du! Der Wert Familie könnte dir hier selbst das Leben schwer machen, weil es keine gute und schon gar nicht „die richtige Lösung" gibt. Die Frage stellt sich hier: hältst du scheinheilig fest und begehst Verrat an dir selbst? Und ehrlich gesagt auch den anderen, falls ihr nicht offen darüber sprecht.... Oder folgst du dem Ruf deines Herzens, wohl wissend, dass es nicht um die anderen geht, sondern um deine Verbindung/Verbundenheit zu dir selbst? Würden wir uns überhaupt fremd verlieben können, wenn alles stimmen würde? Und ist es wirklich Versagen, wenn etwas nicht mehr stimmt, oder macht es das einfach nur sichtbar und dient uns zu erkennen, wo wir uns selbst oder dem anderen etwas vormachen?!

Wieviel wert ist der Wert Familie, wenn es das, was du damit verbindest, gar nicht (mehr) erfüllt? Und aus Liebe ein Deal geworden ist? Ist das fair? Haben du und dein Partner das verdient? Nochmal: Kein Mensch ist dafür verantwortlich, dir deine Bedürfnisse zu erfüllen. (Außer du bist ein kleines Kind.) Heute liegt es in deiner Hand! Nur dann kannst du für deinen Wert und deine Werte stehen und sie, am Besten mit deinem Partner gemeinsam

– sowie jeder für sich – verwirklichen! Wenn wir uns innen verändern, verändert sich auch das Außen. Entweder es heilt und wird besser oder das was nicht mehr stimmt, löst und trennt sich. Lass es uns Transformation nennen: etwas verändert sich in einen „höheren" Bewusstseinszustand. Nicht jeder will das und diesen Weg mitgehen. Das ist ok. Für uns ist wichtig: „Wenn wir uns weiterentwickeln, ist es notwendig, alte Werte und Moralvorstellungen zu überprüfen, sie ggf. neu zu bewerten oder sogar loszulassen". So etwas wie „richtig und falsch" gibt es nicht. Auch kein Versagen. Doch unsere 3-dimensionale, materiell geprägte Gesellschaft ist darauf ausgerichtet. Es ist auch grundsätzlich gut, sich auf bestimmte gemeinsame Nenner zu einigen. Doch was braucht es dazu wirklich?

Wie wäre es mit diesen Dreien:

WOHLWOLLEN – WÜRDIGUNG – WERTSCHÄTZUNG

Und zwar auf folgender Basis:
Ist es wohlwollend für mich – und für den anderen?
Ist es würdigend für mich – und für den anderen?
Ist es wertschätzend für mich – und für den anderen?

Und bitte verwechsle das nicht mit Schein-Harmonie. Es erfordert auch Mut und tut manchmal weh, deine Wahrheit, etwas, das du fühlst, auszusprechen! Das erfordert Vertrauen in dich und in die Basis der Beziehung. Und auch das ist schon wieder ein Hinweis. Warum kann ich dem Menschen, den ich liebe und der mich liebt, nicht meine Wahrheit „zumuten"? Wenn nicht hier, wo dann? Du verstehst sicherlich, worauf ich hinaus will. Es ist nicht der leichte Weg. Das ist eine Illusion, der wir nur zu gerne nachhängen.

Wohlwollen, Würdigung, Wertschätzung fordert Aufrichtigkeit, Integrität, Standhaftigkeit und Vertrauen in dich und den anderen. Diese drei W´s fordern von uns, dass wir unsere Hausaufgaben machen und genau hinschauen, wo wir uns selbst übergehen, uns selbst oder anderen etwas vormachen, um uns oder sie vor vermeintlichen Konsequenzen zu schützen!

? *Frage dich regelmäßig: „Ist das der Mensch, mit dem ich von Herzen meine Zeit, meinen Tag, mein Leben, verbringen möchte?" Ist die Antwort Ja – Go! Ist die Antwort hier unklar oder gar Nein, dann seid ihr zwar zusammen, aber innerlich gerade getrennt. Auch das ist kein Versagen und gar nicht selten. Wie oft trennen wir uns von unserer Verbindung mit uns selbst?! Doch hier gibt es Arbeit zu tun und herauszufinden, ob es noch eine gemeinsame Basis gibt oder nicht und wie diese aussieht! Beziehung lebt von Verbundenheit, offener Begegnung und ehrlichem gegenseitigem Interesse. Schwankungen sind natürlich. Doch die Basis sollte eine gemeinsame Ausrichtung sein. Zumindest, wenn du eine erfüllende, aufrichtige Partnerschaft leben willst. Dabei ist dein aufrichtiges Interesse am Anderen entscheidend.*

Unsere Werte sind also nur dann wirklich stark, wenn wir in bestimmten Situationen auch von ihnen loslassen können, ohne dass sie unseren persönlichen Wert angreifen könnten. Lass mich hier ein kleines Beispiel nennen: Als ich noch recht junge Heilpraktikerin war kam regelmäßig eine Frau mit starker körperlicher Beeinträchtigung zu mir, für die ich ein Atem- und Trainingsprogramm entwickelt hatte. Leider versetzte sie mich des Öfteren. Nach dem 5. Mal entschied ich mich, eine kleine Aufwandsentschädigung in Rechnung zu stellen. Anstatt den 30,- für die halbe Stunde, berechnete ich 15,- für meinen Ausfall. In Folge bekam ich einen aufgebrachten Anruf, was mir einfiele und wie kleinlich ich denn sei?! Bäm – das saß. Ich und kleinlich? Hatte ich es nicht schon 4x durchgehen lassen? Das gibt´s doch wohl gar nicht!! Meine Großherzigkeit wurde mir abgesprochen. Aua, das tat weh! Natürlich hätte ich das vorher klarstellen müssen, dass nicht wahrgenommene Termine berechnet werden, bzw. wie ich damit umgehe, wenn Termine nicht wahrgenommen werden. Dabei ging es ja schließlich um meinen Wert. Doch dazu war ich damals „viel zu lieb". Also wurde mir meine Grenze, die ich selbst nicht achtete, gezeigt! Es war mir wichtiger, als großherzig wahrgenommen zu werden, als für mich und mein Business einzustehen. Kleinlichkeit (gibt es ein anderes „passenderes" Wort? Genauigkeit und Klarheit sind es eigentlich) ist in manchen Situationen durchaus richtig und angebracht! Dies erkennen und unterscheiden zu können braucht den Prozess des Hin-Fühlens und der Selbstreflektion! Ohne diese Reflektion drehen wir uns im Kreis und sind Opfer der Meinungen anderer über uns! Entscheidend hier war aber auch: das, was die Dame über mich dachte, hatte mit mir wenig zu tun. Das war ihr Umgang mit sich selbst. Meine Lektion in dieser Situation für mich war zu reflektieren und herauszufinden, wie es überhaupt dazu kommen konnte. Wenn wir dies machen, löst sich auch der Groll auf entsprechende Personen oder Situationen erfahrungsgemäß wieder auf und wir können sogar Dankbarkeit für die Erfahrung bzw. ihre Botschaft entwickeln.

Finde deinen eigenen Wert. Wofür du brennst zeigt dir den Weg.

Ohne Wert keine Werte. Ohne deinen Wert zu kennen, kannst du für deine Werte nicht einstehen. Wie finden wir also unseren eigenen Wert? Wir haben gelernt unseren Wert über die Anerkennung von Außen zu definieren, was uns in die Situation bringt, immer wieder jemanden zu brauchen, der uns sagt, wie toll wir etwas können oder gemacht haben. Das führt dazu, dass wir aufgehört haben, Dinge aus einer inneren Motivation und Freude heraus zu tun, sondern sie über die Anerkennung von Außen zu generieren! Darüber befriedigen wir das Gefühl nach Zugehörigkeit, verstanden werden, angenommen sein und Sicherheit, anstatt es in uns selbst verankert zu haben. Unsere eigentliche Motivation hier ist also Bestätigung! Positive oder negative: „Ich bin ok so wie ich bin" oder „siehst du, du kannst auch gar nichts richtig machen".

Worum es also wirklich geht, ist, uns wieder mit dem zu verbinden, was uns wirklich wichtig ist. Uns selbst zu erlauben, die Dinge zu finden, die unser Herz wirklich mit Freude erfüllen und zum Hüpfen bringen. Da ist unsere natürliche Energie. Wenn wir ihr folgen, entsteht ein natürlicher Sog, eine magische Anziehungskraft auf andere Menschen, für die das, was wir lieben zu tun, einen wirklichen Unterschied macht oder eine echte Bereicherung darstellt. Und zwar, weil wir unseren Wert erkannt haben und ihn mit dem Außen ganz natürlich teilen.

Sich der eigenen Wahrheit zu stellen und zu seinen Werten zu stehen, erfordert Mut. Gleichzeitig ist es unumgänglich, wenn wir wirklich unsere innere Freiheit und Erfüllung finden und leben wollen. Nur, wenn du den Ist-Stand anerkennst, kannst du nachhaltig eingreifen und die gewünschte Veränderung herbeiführen.

Nichts Müssen – Einfach Sein

Von Geburt an bist du ein hoch talentiertes, spezialisiertes, höchst kreatives und vollkommenes Wesen. Bis zu einem bestimmten Punkt hast du Dinge nur gemacht, weil sie dir Freude gemacht haben. Dadurch bist du dran geblieben und besser geworden, aber du musstest nicht „erst gut" darin werden, um Freude darüber zu empfinden! Die Freude war der Weg! Durch sie bist du besser geworden. Ich liebte es als Kind, Räder zu drehen. Ich wurde besser, weil ich es liebte, mich auf diese Weise über die Wiese fortzubewegen. Dort hat es begonnen. Dorthin darfst du und wir alle wieder kommen! Auf diesem Weg wirst du dir selbst begegnen! Was für ein Geschenk.

Du bist kein Fehler. Und wenn du das glaubst, dann wird es Zeit, dich von dieser Überzeugung, die in dir zur Realität geworden ist, zu lösen. Denn sonst siehst du alles in deinem Leben durch diese Brille und wirst es dir wieder und wieder bestätigen. Es ist ein komplexes Thema und ein Prozess. Eine Übungsreise, die damit beginnt, dich auf dich selbst einzulassen, und deine Talente, Fähigkeiten und Gaben in einem neuen Licht zu sehen.

Bisher war deine Angst vor den Konsequenzen, also dem, was wir nicht kontrollieren können, vor Ablehnung, vor Verlust, Versagen, Liebesentzug, etc. größer und hielt dich fest in ihren Griffen. Doch jetzt bist du bereit, dich für etwas Neues, Größeres zu öffnen, das Geschenk und die Potenziale deines Lebens zu empfangen und zu leben! Einfach, weil es sich in deinem Innersten richtig anfühlt. Wenn dir der Kopf klirrt, das Chaos vorherrscht, dann ist es Zeit innezuhalten und dir Raum zu geben.

Öffne dich dir selbst. Hier liegt deine Kraft, deine Macht und deine Liebe. ♡

Was möchtest du zurücklassen, was kann ab sofort nicht mehr mit? Worauf möchtest du dich ab sofort ausrichten? Bist du es dir wert, genau hinzuschauen, von wem du dir Dinge an den Kopf werfen lässt oder wo du ungefragt ?

Kritik bekommst? Was haben die anderen davon, wenn du ihnen, statt deinen Wahrnehmungen und Gefühlen, folgst? Wollen andere dich klein halten oder dich wachsen und entfalten sehen? Sind andere Menschen in deinem Leben ein Spiegel der Großartigkeit (deiner Potenziale und Möglichkeiten) oder der Kleinheit für dich (bloß keine Veränderung und immer im Bekannten bleiben)?

Welche Aspekte deiner Selbst gehen mit solchen Menschen in Resonanz? Wozu laden dich solche Situationen und Menschen auf einer dir zugewandten Ebene ein? Sind sie ein Spiegel deiner eigenen Unsicherheit und Selbstzweifel? Prüfen sie dich, indem sie fragen: „na, wie sehr glaubst du wirklich an dich und deine Idee"? Was verändert sich für dich, wenn du sagst: „Alles ist für mich da! Was wünscht sich das Leben für mich?" Und vor allem: Was würde die Liebe dazu sagen? Was von dir – welche Anteile – musst du aufgeben, um die zu werden, die du eigentlich bereits bist?

10

Deine Schatten sind zum Lieben da

Du musst aufgeben, um deine Aufgabe leben zu können!

Frage dich: Was muss ich aufgeben, um bereit zu sein, in einen Zustand der Ahnungslosigkeit – des Nichtwissens – einzutauchen?

Wir können den Kampf gegen uns selbst nicht gewinnen, es sei denn, wir beenden ihn. Ein Paradox. Und dieser Zustand, an dem wir spüren, dass wir den Kampf gegen uns selbst niemals gewinnen können, ist der perfekte Zeitpunkt, um über unsere Schatten und die Arbeit mit unseren inneren Anteilen zu sprechen.

Erst wenn wir nichts mehr verändern wollen, verändern wir uns!

Alles, was wir tun, tun wir aus der Intention heraus, uns besser und sicherer zu fühlen. So sind wir es gewohnt, uns nur mehr anstrengen zu müssen, uns noch etwas mehr zu optimieren, noch mehr zu lieben, uns noch mehr zu verbiegen, aufzuopfern, noch mehr zu disziplinieren. So erzählen wir uns: „Wenn wir nur endlich alles richtig machen würden, dann wären wir endlich erfolgreich und alles würde sich nicht mehr so schwer und schlecht anfühlen. Wenn wir uns noch mehr übergehen, dann würden wir endlich den Partner fürs Leben finden. Wären wir disziplinierter, dann wären wir schon lange fett im Business. Hätten wir mehr Geld, wäre endlich alles einfacher. Wären wir nur gesünder, könnten wir das Leben endlich genießen. Wären wir geschickter und schlagfertiger, würden uns andere nicht immer die „Wurst vom Brot" ziehen, und wir hätten es endlich geschafft. Wäre mein Partner endlich einsichtiger, dann hätten wir eine harmonische Beziehung! …" Ich bin sicher, du kennst solche Sätze oder Selbstgespräche dieser Art. Etwas sind ihnen allen gemein: Sie sind eine Form negativer Motivation, die uns anhalten will, uns zu verbessern und zu optimieren. Das ist nicht nur schlecht. Diese Form der Motivation hat einen dunklen Schatten, denn sie sagt: „So wie du bist, bist du nicht in Ordnung: Schätzchen, nimm es endlich an, mit dir stimmt etwas nicht. Alle anderen werden es immer leichter und besser haben als du. Aber scheiß drauf. Halt einfach irgendwie durch und lass dir bloß nichts anmerken."

? *Was aber wäre, wenn du aufhören könntest, dich ständig auf diese Art und Weise selbst zu kritisieren und aktive Selbstzerstörung zu praktizieren? Wie würde es sich anfühlen? Was würde sich dadurch verändern? Und bist du bereit, solche Gedanken über dich anzunehmen, um endgültig von ihnen loslassen zu können?*

Kennst du Situationen, in denen dir sprichwörtlich „die Sonne aus dem Allerwertesten" scheinen sollte? Du pflückst dir reife Früchte direkt vom Baum, bist gesund, deiner Familie geht es gut und trotzdem ist da diese Stimme, die dir sagt: „Es reicht nicht. Es ist nicht genug. Du bist nicht erfolgreich. Du ruhst dich nur aus!! Du bist faul. Was hast du denn schon erreicht? Du hast es nicht verdient! Morgen ist das Glück bestimmt schon wieder vorbei!"

Ohhh, wie zerstörerisch sind wir nur mit uns selbst, ohne den Augenblick –- das was jetzt ist – zu genießen? Wie lange begleiten dich solche Gedanken schon? Hast du irgendwann gelernt: „Wenn ich hier bin, muss ich auch was leisten. Ich kann nicht einfach nur so hier sein, sondern muss mich ganz doll anstrengen." Dann ist jetzt ein guter Zeitpunkt, deinem Antreiber zu sagen: „Hey, es ist ok. Ich sehe dich! Du hast dich so lange, so sehr angestrengt!" Das ist vielleicht ein völlig neues Erleben für diesen Anteil. Denn anstatt ihn zu verurteilen und „nicht fühlen" zu wollen, wird er nun zum ersten Mal wirklich gesehen! Danke ihm! Denn seine Motivation ist dein Erfolg! ER hat dir geholfen, dass du bis heute überleben konntest. Dass du, trotz allem, so eine starke Persönlichkeit geworden bist, die so vieles schon geschafft und erreicht hat, auf so vielen Ebenen.

Kommen Gefühle hoch? Traurigkeit? Wut? Erlösung?... Das ist ok. Es war so lange sooo anstrengend! Alles darf sich jetzt zeigen und abfallen. Du glaubst vielleicht immer noch, mit all dem alleine zu sein, doch jetzt geht es um einen Prozess der Integration und der Heilung deiner Vergangenheit und aller deiner Erfahrungen. Es ist der nächste Schritt deiner persönlichen Evolution. Damit es leichter werden kann, darfst du all die Anstrengungen, die Leistungen deines Lebens würdigen! Sie annehmen. Nur so kann etwas Neues daraus entstehen. Die Anstrengung will sich wandeln und sich mit Freude und Leichtigkeit verbinden. Für den Antreiber ist das unbekannt und das macht ihm Angst. Eigentlich logisch, oder? Und dann wollen wir schnell wieder weitergehen, funktionieren, weil sich das „ fühlen" ja so kacke anfühlt. Du glaubst, der Antreiber müsste sich freuen, wenn er sich mit Leichtigkeit und Freude verbinden darf? Doch genau das kann er nicht. Wie soll es gehen, ohne sie, die Anstrengung? Das ist doch gar nicht möglich?! Durch sie suggeriert dir dein System Sicherheit und Stabilität. Eines deiner, und unser aller, wichtigsten Grundbedürfnisse! Und die hat die Basis der Freude bisher nicht oder nur sehr begrenzt gekannt! Das geht über die Vorstellungskraft dieses Anteils hinaus. Es ist eine Neu-Eroberung. Wie geht das freudvoll und mit Leichtigkeit, „erfolgreich" zu sein? Wie geht das mit der Freude überhaupt? Du strengst dich an, um endlich den Erfolg zu haben, den du dir (vermeintlich) wünschst. Dann wird alles leichter. Dann wäre Freude da... Erfolg ist immer eine Folge! Alle unsere alten Definitionen von Erfolg – und diesen über ganz viel Anstrengung und Leistung zu generieren – dürfen sich lösen. Diese Form der Anstrengung ist ein altes Programm des Antreibers, das auf Mangel basiert und das Überleben sichert. Dazu braucht es die Anerkennung von Außen. Solange im Außen jemand sieht und sagt: „Boah, du bist aber erfolgreich. Das ist aber toll, das ist aber viel wert," glauben wir: „alles sei ok. Wir sind auf der richtigen Spur! Jetzt haben wir einen Lauf." Doch ist das wirklich so? Gibt es nicht eine tiefere Sicht darauf? Was, wenn Freude die Basis und nicht das Ergebnis von Erfolg und tiefer Erfüllung ist? Und wieso ist es so tief in den Meisten von uns verankert, dass Arbeit nur dann bezahlungswürdig sei, wenn sie uns keinen Spass macht, sondern hart ist? Und Erfolg nur auf Anstrengung beruht? Ist das dann nicht eher Schmerzensgeld statt Bezahlung?! Und jetzt wird es nochmal wichtig: das bedeutet nicht, dass es nicht auch mal anstrengend sein kann. Aber die Übung, das was auch immer du tust, sollte doch Freude sein?! Du übst ein Instrument nicht, um besser zu werden, sondern weil du Freude am musizieren hast! Besser zu werden ist ein Nebeneffekt! Macht das Sinn? Und dann fragen wir uns sogar oft: wenn es Spass macht und vielleicht auch noch leicht geht, gilt es dann trotzdem noch „als Arbeit und Erfolg" und darf ich mir das dann auch noch fürstlich bezahlen lassen? Das ist doch komisch. Oder? Und du siehst, wieviel das mit deiner Erlaubnis und der aufrichtigen Wertschätzung deiner Fähigkeiten, Begabungen und Talente, etc., zu tun hat! Selbst wenn du und ich den selben Job machen, die gleichen Ansichten haben, sind wir doch völlig unterschiedlich und ziehen allein aus diesem Grund schön völlig unterschiedliche Menschen an! Wir steigen aus Konkurrenz-Programmen aus und bereichern uns gegenseitig. Ganz natürlich. Von innen nach außen.

Es gibt diesen Satz: „Erst die Arbeit, dann das Vergnügen." Was passiert, wenn wir uns ganz schamlos erlauben, ihn umzudrehen und ab sofort sagen: „Erst das Vergnügen, dann die Arbeit?" Und schwupps – stellen wir fest, dass die Arbeit vergnüglich wird.

Verabschiede dich auch von der Idee, dass es dir immer gut gehen muss, du immer gut drauf und positiv sein sollst und dich nichts aus deiner Mitte bringen darf... Auch das ist eine heilige Kuh, von der du getrost Abstand nehmen darfst. Denn es ist ein irrer Anspruch und schlicht und einfach nicht immer möglich. Niemandem scheint permanent die Sonne aus dem Hintern. Und auch das hat nichts mit deinem Wert zu tun. Das ist nicht real. Es geht uns nicht immer gut! Das wäre tatsächlich Stillstand. Wir bewegen uns durch das, was wir sind. Durch unsere Gefühle und Emotionen. Wir könnten nichts „gerade rücken", keine Ungerechtigkeit entdecken und verändern, uns oder Situationen nicht korrigieren, wenn wir nichts oder uns immer gleich fühlen würden. Dann wären wir wirklich lange ausgestorben! Erinnere dich: „Emotion heißt Energie in Bewegung." Um zu fühlen, müssen wir mit unseren Gefühlen in Kontakt kommen und genau das vermeiden wir vor allem dann, wenn wir Gefühle als unangenehm empfinden und darum ablehnen. Aber genau darum geht es ja. Auch diese zu fühlen! Nur so können wir uns weiterentwickeln. Und wenn wir uns von den alten Identifikationen über uns selbst lösen, dann ist das unangenehm. Weil sich in dem Moment, in dem sich deine Ich-Identifizierung auflöst, unweigerlich ein Gefühl von Unsicherheit und „Verlust" einstellt. Das ist eine logische Konsequenz und natürlich. Das bedeutet aber auch, je mehr wir verinnerlichen, dass nur die Unsicherheit eine sichere Konstante ist, desto einfacher wird es, sich in den Prozess der eigenen Entfaltung fallen lassen zu können. Und das wiederum gibt uns ein Gefühl von größerem Frieden und somit einer Grundfreude, die sich einstellt. Es wird einfacher, weil wir unsere Gefühle wieder „in Besitz" nehmen. Sie besitzen uns nicht mehr! Und wir fühlen uns sicher in uns.

? *Frage dich: Wer bin ich eigentlich ohne meine Geschichten der Vergangenheit? Wer bin ich, wenn alles um mich herum wegbricht?*

Soche Fragen vermeiden wir gerne. Doch wenn du dich auf sie einlässt, sind sie ein Geschenk an dich. Denn in diesen Momenten kannst du alles ganz neu bestimmen und vollkommen frei, nach Lust und Laune, neu kreieren. Denn genau das machen Schöpfergötter! Sie kreieren immer! Solange wir Unbewusstheit sind, kreieren wir immer wieder Dinge aus unserer Vergangenheit, die wir, über das Hier und Jetzt und unsere Gedanken und Gefühle, wieder weiter in die Zukunft projizieren. Das Hier und Jetzt ist die Schnittstelle. Und wir tun es einzig und allein für das Gefühl der Sicherheit, um den alten Schmerz nicht zu wiederholen.

? *Erst, wenn wir bereit sind, das Vergangene Vergangenheit sein zu lassen, können wir uns fragen: Wer bin ich ohne meine Geschichte? Wer will ich sein, ohne meine Geschichte? Wer kann ich sein, ohne meine Geschichte?*

Gleichzeitig ist unsere Geschichte ein wichtiger und essentieller Teil von uns, ohne die wir nicht die wären, die wir sind!

Das Hier und Jetzt bestimmt, wie sich unsere Zukunft entfaltet!
Das Einzige, das wirklich existiert, ist dieser Augenblick.

Bin und handle ich gerade aus meinem „kleinen verletzten Ich" oder aus meinem „größeren, transformierten Selbst", all der Erfahrungen aus meiner Vergangenheit?! Meiner Meinung nach – Stand jetzt – ist es dafür notwendig, dass wir die Aspekte und Anteile in uns, die sich so schlimm anfühlen, endlich annehmen und anschauen, anstatt sie immer weiter wegzuschieben! Denn genau dadurch werden sie mächtig. Sie wollen nämlich endlich gesehen und angenommen werden. Nur so „heilen" sie! Das ist die Transformation! Und das bedeutet eben auch, dass all die unangenehmen Gefühle, die Scham- und Schuldthemen, einen Raum der Annahme wollen, damit sie sich er-lösen können. Genau das wolltest du bisher vermeiden. Da, wo du nie hinschauen wolltest, aus Angst vor dem Schmerz. Doch gerade die Vermeidung hält dich in der Schleife von Schmerz und Leid gefangen. An diese Punkte zu gehen, die wir eigentlich vermeiden wollen, da steckt unsere Potenz – unser Potential – unser Licht drin!

Dein Licht ist in der Dunkelheit geboren.

Der Zugang zum Himmel erfolgt durch „deine persönliche Hölle". Wobei „Hölle" hier einfach nur bedeutet, dass hier all die Dinge wohnen, die wir nicht sehen oder einfach nur vermeiden wollten und weggesperrt haben. Genau hier wohnt die Quelle unseres Seins. In der „Dunkelheit" des Alles und Nichts. Im Null-Punkt.

Und dieser Punkt ist der Einzige, an dem du „etwas aushalten" darfst, denn sonst bist und bleibst du immer die Getriebene deiner Schatten, von all dem, was du vermeiden wolltest. Alle deine Aktionen sind dann Ausweichhandlungen und Vermeidungsstrategien. In der Regel wissen wir ganz genau, was wir wollen und was nicht. Denn es ist in uns angelegt. Doch genau da müssen wir aushalten, wenn sich das Alte löst und das Neue noch nicht ganz da ist und im Unbekannten verborgen liegt. Es bedeutet: wir kennen das Gefühl dazu noch nicht, wie zum Beispiel: „Wie fühlt es sich an, ich zu sein, ohne etwas leisten zu müssen?" Es braucht etwas, um hier eine neue Erfahrung zu machen, die sich nicht aus dem Alten speist. Und das ist immer ungewohnt oder ungewöhnlich. „Was, wenn ich genau dadurch „viel mehr leiste", aber nicht aus dieser alten Anstrengung und Schwere heraus, sondern durch pure Freude, Inspiration und Quelle meiner Kreativität?"

♡ *Um es zu erfahren, muss ich es erleben.*

Ich muss es tun. Dazu braucht es dieses kleine Quäntchen Mut. Mich trauen. Jetzt entsteht ein natürlicher Sog. Ich werde magnetisch, meine Anziehungskraft wird größer. Jetzt geht es darum, diesem alten Anteil Halt zu geben und ihm zu signalisieren: „Es ist alles da! Jetzt. Es ist gut! Es gibt keinen Mangel. Und wir gucken, was daraus entsteht. Ich bin da!"

Solche alten Anteile werden immer wieder versuchen, einzuhakeln und dir einzuflüstern: „Siehst du, das hat nicht geklappt, du hast versagt, das war doch klar, dass das nicht funktioniert. Es wäre besser gewesen, du hättest es gar nicht erst gemacht!..." Doch auch diese Stimme des Kritikers darf da sein, auch sie will angenommen sein und es stimmt nicht, was sie sagt! Es wird nur wahr durch deine Zustimmung. Und nur dann kannst du überhaupt scheitern, weil du den Faden nicht wieder aufnimmst und dich traust für dich zu gehen. Du darfst und sollst sogar über diese Stimmen und alten Anteile hinauswachsen. Also bleib dran, wenn du eigentlich weißt, dass es das ist, was du willst. Weil deine Seele hüpft und sich ausdehnt – alles in dir erstrahlt – wenn du daran denkst.... Und ja, es wird dich auch herausfordern, weil es dich quasi zwingt, dich auszudehnen, deine alten Pfade und gewohnten Strukturen zu verlassen. Nicht aus deinem, kleinen, verängstigten Ich zu handeln, sondern aus deinem wahren Sein. Nur weil etwas bisher noch nicht geklappt hat, heißt es nicht, dass es nicht das Richtige ist. Vielleicht ist es gerade dann das Richtige. Alles ist gleichzeitig. Und wenn wir genau hinschauen, stellen wir fest, dass wir vielleicht noch nicht bereit waren, vielleicht Angst vor dem Erfolg hatten oder wir uns erst noch in unser Sein hinein dehnen mussten, damit wir das, was wir in uns spüren, auch verkörpern können! Wie eine Reifungszeit. Wie kann ich die Königin sein, wenn ich noch aus dem Mangelbewusstsein der Bettlerin in mir agiere?! Das ist mit dem Spruch gemeint: „Wir müssen werden, was wir uns wünschen!" Und wenn wir es sind, ist es da, weil es sich durch uns verkörpert. In dem Moment, indem du die Königin bist, dich aber noch mit der Bettlerin identifizierst, bist du bereits wieder in der Anstrengung. Es bedeutet aber auch nicht, nicht mehr berührt zu sein und nichts mehr zu fühlen. Das ist eine spirituelle Falle, die oft benutzt wird, um uns von unserem Fühlen abzuhalten. Unberührt sein bedeutet nicht, nichts mehr zu fühlen, das ist Taubheit. Es bedeutet jedoch, die Meisterschaft über dein Fühlen zu besitzen und die Bettlerin zu würdigen. Eine völlig andere Bedeutung. Und auch dies können wir nur Sein! Durch unser stetiges Dranbleiben wachsen wir hinein. Gleichzeitig ist es immer schon da! Ist das nicht schön?

So lange haben wir diesen Geschichten geglaubt, die uns erzählt haben: „So macht man das. Das ist so und so. Ich müsste doch. Ich bin so arm. Keiner mag mich", usw.... Aus meiner Sicht geht es jetzt genau darum, uns von all den Dingen und Überzeugungen zu lösen, die uns nicht mehr dienen. So beginnen wir nach und nach, die eigentliche Vibration unserer Seele wieder zu spüren, ihren Klang und ihre Stimme wieder wahrzunehmen und emporsteigen zu lassen, was durch sie auf uns wirken möchte!! Es ist jetzt genau dafür die Zeit, dass wir, die soviel fühlen, die Seelenvollen, Feinfühligen, Vielwahrnehmenden, Hochempathischen, sich nicht mehr länger unterordnen, sich nicht länger unterkriegen lassen oder sich selbst ständig in Frage stellen. Alle diese Konditionierungen und Indoktrinationen von „so macht man das" dürfen wir noch viel mehr ablegen. Aus dieser Energie entsteht eine natürliche Umkehr. Wie ein See, dem nur noch reines Wasser zugeführt wird und das abgestandene Wasser sich nach und nach reinigt. Irgendwann ist da nur noch dieses klare Wasser deines ursprünglichen Wesens. Wenn du ganz pur bist und aus diesem puren Sein mit allen deinen Fähigkeiten, Talenten, Gaben, alles was du jemals mitbekommen hast, deine Ausbildungen, Fortbildungen, Erfahrungen, allen natürlichen und daraus erworbenen Begabungen und Qualitäten – alles was du je empfangen hast – einfach dazusitzen, und hineinzuspüren: *Was will ich damit machen? Was passiert, wenn ich aus dieser Fülle schöpfe? Was will dann aus mir entstehen?*

Wir sind nicht so klein, wie wir uns oft denken und lieber machen! Aber wir fühlen uns oft so klein und sind ganz artig. Bloß nicht groß-artig, das könnte anstoßen!

Du darfst dich ganz neu definieren und er-finden. Es ist die Qualität dieser Zeit und die Phase, in der sich unsere gesamte Gesellschaft kollektiv befindet. Jeder darf sich besinnen und fragen: „Wofür will ich wirklich stehen und gehen? Wir sind hier und machen eine menschliche Erfahrung. Unsere Emotionen, Gedanken, Einstellungen und Verhalten kreieren diese menschliche Erfahrung. Aber sie sind nicht, wer/was du bist! Das, was du im Kern bist, ist bereits ganz und heil. Es war nie verletzt. Und die Frage ist: *Besitzt die Erfahrung dich oder besitzt du die Erfahrung?*

Du musst nicht noch mehr lernen, sondern ent-lernen, was du bisher über dich geglaubt und als Wahrheit akzeptiert hast.

Es ist nicht so schwer, dich selbst zu lieben, wenn du weißt, du bist nicht die Dinge, die du an dir „hasst" (Hass bedeutet lediglich die Abwesenheit von Liebe.) und nicht magst. Es wird leicht, wenn du Mitgefühl hast mit den Dingen, von denen du dachtest, dass du sie nicht tun, fühlen oder hättest erfahren sollen! Was passiert, wenn alles, was du je gefühlt, gedacht und erfahren hast, willkommen ist und da sein darf? Dass du dich nicht ändern musst, sondern endlich damit aufhörst, dich permanent ändern zu wollen? Was geschieht, wenn du nicht mehr dem Programm folgst, das du dir erzählt hast, dass mit dir etwas nicht stimmt? Du bist nicht deine Emotionen, Gedanken, Verhaltensweisen und Einstellungen. Du bist unendliches, göttliches Bewusstsein und machst eine menschliche Erfahrung. Kannst du dich selbst würdigen, dich selbst annehmen und lieben, ohne an dir herum zu optimieren? Kannst du würdigen, dass du bereits ein vollkommenes, lebendiges Kind Gottes bist? Und dies der einzige Grund ist, dass du überhaupt hier sein und diese Erfahrung, gemeinsam mit vielen anderen Seelen machen kannst? Liebe, was du nicht magst. Es wird dich solange begleiten, bis du endlich den Kampf dagegen aufgibst und es liebst! Diese Anteile und Schattenaspekte sind gebundene Energien aus früheren Emotionen, Gedanken, Verhalten und Einstellungen, die sich in dir verselbstständigt haben, damit du in vermeintlicher Sicherheit bist in einer Welt, die du irgendwann als unsicher empfunden hast. Sie sind nicht was du bist!

Wir kommen erst wirklich weiter oder besser gesagt, zu uns selbst, wenn wir uns unseren Schattenthemen wirklich zuwenden. Indem wir vor unseren inneren Anteilen oder Kellerkindern nicht weiter weglaufen, egal, wie sie sich aufspielen, wie groß, machtvoll, gefährlich oder schmerzhaft sie sich anfühlen können, sie sind aus Licht gemacht. Und sie wollen, dass du dein Licht anmachst! Es geht nicht unbedingt darum, dass Dinge immer weg gehen, sondern dich zu fragen:

? *„Wie lebe ich mit ihnen? Was ist das Geschenk darin?"*

Es gibt nichts, das einfach nur „in sich" das Falsche oder schlecht wäre. Es ist eine Kontext- und Perspektiv-Frage! Da wir aber in unseren Umfeldern so sehr geprägt wurden und solange hörten, dass das, was wir fühlen, nicht da sein sollte oder wir anders sein müssten, wird das zu unserer Realität und somit zu unserer Wirklichkeit.

♡ *Wirklichkeit ist das, was wirkt!*

Und „diese Realität", die aus uns wirkt, verunsichert uns so schnell. Doch genau das sind die Momente, an denen wir irgendwann eine neue Wahl treffen und uns fragen können:

? *Will ich das wirklich weiterhin so sehen? Oder will ich einen anderen Blick drauf finden und herausfinden, was das Gute, das Schöne, das Besondere darin ist? Gibt es vielleicht Menschen, die genau das brauchen für sich und ihren Weg? Für die ich eine Bereicherung bin, genau weil ich diesen „Mangel" erlebt / diese Erfahrung gemacht habe? Weil es genauso war und nicht anders?*

Ich erkannte vor ein paar Jahren: „Ich sehe die Fülle in deinem Mangel." Das ist quasi meine geheime Superkraft. Wie ist das bei dir?

Was ist deine geheime Superkraft, die aus dir in die Welt wirkt, einfach weil du du bist und diesen einzigartigen Weg gegangen bist?

Dein Licht ist in deiner Dunkelheit geboren.

Emotionale Freiheit erreichen wir dann, wenn wir uns mit unseren Gefühlen und gespeicherten Emotionen auseinandersetzen. Genau davor haben wir am meisten Angst! Ich möchte dir diese Angst nehmen und dir Mut machen. Habe den Mut dich zu trauen. Denn das ist die Liebe, die nur du dir schenken kannst und somit das größte Geschenk, dass du dir selbst machen kannst. Wie lange hast du dich gedimmt und reduziert zum vermeintlichen Wohle anderer und hast so wichtige Aspekte deiner Selbst unterdrückt oder gar abgeschnitten? Die Wahrheit ist, indem wir uns selbst reduzieren, sind wir keine echte Hilfe oder Unterstützung für andere, sondern tun es für ein kleines bisschen Liebe und das Gefühl, „gemocht zu werden"! So bestärken wir uns gegenseitig in unseren emotionalen Programmen, anstatt uns in unseren Potenzialen und Entfaltungen zu stärken! Dazu musst du deine eigenen emotionalen Unsicherheiten, Muster und Programme anerkennen und deinen Job für dich machen! Du musst dich nicht dimmen, um andere zu verstehen und hilfreich zu sein. In diesem Moment hast du bereits Verantwortung für das Befinden des anderen übernommen und dich in eine schwächere Position gebracht. Aua. Das tut weh. Vor allem, wenn dir bewusst wird, dass du das zugelassen hast. Du hast dich erfolgreich selbst getäuscht. Diese Erkenntnis ist bereits das Geschenk. Doch aus dem Muster auszusteigen und ganz zu dir zurückzukehren, das ist der eigentliche Job. Das braucht deine Aufmerksamkeit, deine Absicht, deine Zuwendung, deine Liebe. Und zwar zu allererst mal für Dich! Erst jetzt bist du in der Lage die größeren (emotionalen) Zusammenhänge zu sehen und Stück für Stück deine Anteile zurückzunehmen und emotional souverän zu werden! Nicht weniger zu fühlen, sondern zuzulassen, alles zu fühlen und dann neu zu wählen! Zunächst für dich und dann für die Welt! Emotionale Verunsicherung führt zu emotionaler Verausgabung. Emotionale Verausgabung führt zu emotionaler Abhängigkeit. Emotionale Abhängigkeit führt „zu Verunreinigung" deiner emotionalen Sensitivität, was wiederum zu emotionaler Unsicherheit führt. Dann fühlt sich alles schwer und anstrengend an. Doch das muss nicht so bleiben. Alles wird möglich, wenn du beginnst, dich auf dich zu beziehen und die Führung und die Verantwortung für dein Fühlen wieder zu übernehmen!

Wenn du fühlst, dann führst du!

Jetzt dient dir deine emotionale Sensitivität dazu, deine Verunsicherung zu sehen und zu versorgen, dadurch wird für dich klar, worum es für dich geht und du wirst emotional unabhängig und souverän. Deine emotionale Sensitivität wird zu deiner größten Stärke.

LISTE DEINER KLEINHEIT – LISTE DEINER GROSSARTIGKEIT

Wenn du magst, lege dir eine Liste deiner Kleinheit und deiner Großartigkeit an. Finde für jeden Satz, der aus deiner Kleinheit geboren ist, eine Entsprechung deiner Großartigkeit. So erstellst du dir nach und nach eine kraftvolle Ressource für Momente, in denen du dich verunsichern lässt. Dann kannst du auf diese Liste schauen und erstens herausfinden, welcher Haltung du gerade folgst und für welche du dich stattdessen entscheiden möchtest: Zum

Beispiel wird aus: „Ich bin nicht genug: Ich bin bereits genug oder ich bin immer genug." Mit einer neuen Haltung entstehen neue Handlungsperspektiven. Du kannst es noch nicht fühlen? Das ist ok. Dann lass uns weitergehen.

11

Emotionale Wunden heilen

Inzwischen haben wir uns bereits verschiedenen Ebenen unseres Seins gewidmet und sie angeschaut. Und vielleicht stellst du dir die Frage: „aber was bedeutet das konkret für mich und meine Heilung und wie genau soll das gehen?!" Das ist eine wichtige Frage. Sobald wir beginnen, uns bestimmte Dinge zu fragen, sind wir auch bereit für die Antworten und neue Lösungen! Aus: „ich kann das nicht und das klappt sowieso nicht", wird: „wie kann es gehen? Wenn es für andere funktioniert, wieso nicht auch für mich?" Die Haltung und die Einstellung hinter unseren Aussagen und Fragen sind wichtiger als die Fragen selbst. Wo eine Frage ist, ist auch eine Antwort. Anders formuliert:

Öffnen wir uns für neue Möglichkeiten, werden unsere Fragen sich ganz automatisch ebenfalls öffnen und die Antworten und Lösungen sind die logische Folge. So funktioniert unser Universum.

Du wirst vielleicht fragen: Stefanie, wie wird aus meiner emotionalen Unsicherheit emotionale Stabilität? Wie wird es für mich möglich, meine emotionale Ohnmacht in emotionale Stärke zu verwandeln?

Lass uns zuerst noch einmal genau betrachten: Gibt es überhaupt eine Sicherheit außerhalb von uns selbst? Es ist eine Illusion, dass wir Sicherheiten im Außen finden könnten. Und doch sind wir darauf angewiesen, uns sicher zu fühlen. Wir sind soziale Wesen. Und bei aller Liebe zur Unabhängigkeit, wir brauchen einander. Doch bitte nicht um jeden Preis. Sicher ist: das Leben selbst ist ein Abenteuer. Das hier sein auf dieser Erde ist ein Geschenk, keine Versicherungspolice. Lass uns also der Wahrheit ins Angesicht blicken. Es kann Morgen vorbei sein! Wir können uns „absichern", bestimmte Dinge vorbereiten – bis zu einem gewissen Grad, aber niemals „versichern"! Tatsächlich tragen wir das volle Risiko für unser Leben selbst. Jeder muß selbst hineinspüren und herausfinden, was für ihn persönlich „das Richtige" ist. Statt oberflächlich ausschließlich Symptome zu behandeln, dürfen wir unsere eigenen Themen, Konflikte und Ängste angehen, sowie unsere emotionalen, seelischen Wunden erkennen und reflektieren! Jetzt haben wir überhaupt erst eine Wahl und nehmen unser Schicksal in unsere Hände. Aus dieser Energie kreierst du ein Feld, indem du die Unterstützung oder Hilfe finden kannst, die deinem Heilungsweg bestmöglich dient. Indem du lernst, dich wohlwollend um dich selbst zu kümmern, weichen Angst und Mangel der Liebe und der Kraft aus dir selbst! Auch ich lerne das und gehe täglich Schritte in die Richtung, mir selbst unbedingt wohl gesonnen und gut gewogen zu sein. Trotz und mit allen meinen „Fehlern" und Unzulänglichkeiten. Es ist ein Prozess! Ich kann mich sonstwie toll ernähren – wenn ich kein gutes Haar an mir lasse, wird mir das kein glücklicheres, gesünderes Leben schenken, solange meine Gedanken nicht gesünder werden… Genauso gibt es Menschen, die ihr Leben lang rauchen und/oder trinken, aber uralt werden, da sie aus einer inneren Zufriedenheit, vielleicht im Einklang mit ihrer Seele – und Lebensvision – leben?! Wir wachsen und gesunden, indem wir verstehen, dass nur dieser Augenblick real ist und wir uns nur in diesem Augenblick neu ausrichten und entscheiden können „für uns selbst, für die Liebe, für eine größere Wahrheit, für ein neues Miteinander, für etwas Gutes, Größeres!" Jedes „Wogegen" oder Irritation gibt uns einen Hinweis: „Ah, Korrektur, wo lang möchte ich stattdessen? Was wähle ich? Wohin und wofür?" Doch wir sind es so gewohnt „dagegen" zu gehen, anstatt uns zu fragen: „Was zeigt es mir?"

Die Liebe richtet nicht, aber sie richtet sich aus!

Das ist einer meiner Leitsätze! Und vielleicht vermag er auch dich zu unterstützen für dein: „Wofür entscheide ich mich?" Von Jetzt, zu Jetzt, zu Jetzt! In diesem neuen, unschuldigen Augenblick!

Wir alle sind nicht davor gefeit, zu erkranken. Gleichzeitig ist Krankheit kein Versagen, sondern ein Bote und bereits der Versuch des Körpers, ein „Problem" zu lösen und das Gleichgewicht wieder herzustellen: Die Krankheit ist also die Heilung! Der Weg der Genesung! Wenn du also unter einem Symptom leidest, dann ist das bereits der Versuch des Körpers, ein Ungleichgewicht wieder auszugleichen. Nicht umgekehrt! Wenn es uns körperlich, seelisch, emotional, mental, energetisch nicht gut geht oder wir unter bestimmten Lebenssituationen leiden, treten Symptome auf, damit wir aufmerksam dafür werden, dass da etwas nicht stimmt und wir etwas ändern sollten. Auch hier ist unser Körper ein Wunderwerk. Denn alle Körperteile und Organe haben bestimmte Aufgaben, und wenn sie erkranken, geben sie uns wichtige Hinweise, was die Thematik betrifft. Erkältungen beispielsweise sind für mich ein Hinweis, dass ich mich irgendwo übernommen habe, mich vielleicht zu viel gestresst habe. Dann reagiert mein Körper, um mir zu signalisieren: „Hey mach mal langsam. Ruh´ dich aus, komme wieder zu dir. Es ist zu viel!" In unserer Gesellschaft waren wir bisher gewohnt, solche Dinge zu übergehen. Ach, es geht schon. Ist nicht so schlimm. Ist nur ein Schnupfen, etc. Doch wovon habe ich denn die Nase voll? Was stinkt mir? Wenn wir also mit Bakterien oder sonstigen Erregern in Resonanz treten und „krank werden" ist das nicht negativ sondern ein Reinigungsprozess. Mit 16 entwickelte ich starkes Asthma. Ich konnte meine Ausbildung aufgrund der Lösungsmittel nicht fortführen und war tief enttäuscht. Klar hatten die Lösungsmittel sicherlich ihriges dazu beigetragen, doch ich litt unter dem Leben selbst. Alles machte mir Druck und ich hatte keine Abwehr dagegen. Mit Anfang 20 noch sagten mir die Ärzte, dass ich mein ganzes Leben darunter leiden und Medikamente nehmen würde. Doch damals begann ich mein Leben selbst in die Hand zu nehmen und nicht mehr alles als gegeben hinzunehmen. Besonders emotional löste ich mich von Menschen und Situationen, die mir nicht gut taten, und richtete mich neu aus. Mit der Zeit regulierte sich mein System. Mit Mitte 20 konnte ich wieder voll und frei atmen und habe seit dem keine Medikamente gebraucht. Unser gesellschaftlicher Blick auf Krankheit und Gesundheit ist oft sehr einseitig. Dabei stehen Körper, Seele und Geist in enger Beziehung zueinander und beeinflussen sich wechselseitig. Vor allem „hört" dein Körper alles, was du denkst, fühlst und sagst. Und er reagiert darauf. Unser Körper ist, nach meinem heutigen Verständnis, das Ergebnis (verdichtete Energie) unserer geistigen Einstellungen und Überzeugungen. Wir dürfen lernen „neu zu denken", unsere Gefühle und Emotionen zu stabilisieren und mit unserer inneren Seelenstimme in Einklang zu bringen. Das beste Heilmittel für Alles ist die Liebe. Denn sie trägt die höchste Frequenz.

Doch sie lässt dich vollkommen frei in deiner Wahl, dich für Freude und Hingabe oder Angst und Hinnahme zu entscheiden. Ihr zu folgen und dich mit der Freude deines Seins (wieder) zu verbinden, ist der größte Sinn und Zweck deines Hierseins und verbindet dich direkt mit dem ursprünglichen Energiestrom deiner Seele! Was, wenn es einzig und allein hierum ginge?

Wenn wir also beginnen, unsere emotionalen Wunden und Schattenthemen nicht mehr negativ oder als Bestrafung zu interpretieren, als etwas, das weg muß, weil sonst etwas mit uns nicht stimmt oder es einem persönlichen Versagen gleich kommt, entsteht Raum. Und um diese Räume in uns zu öffnen geht es! Es ist genau wie mit Fleischwunden. Es muss Luft dran, sie muss gesäubert und versorgt werden, damit sie sich schließen kann. Der Prozess der Schließung ist die Heilung. Eine Transformation in einen neuen, erweiterten Zustand. Und was brauchen wir dafür? Einzig und allein unser Fühlen. Fühlen was ist! Kein Schmerz ist so groß wie die Angst davor. Wenn wir emotionalen Schmerz also lindern oder gar lösen möchten, brauchen wir die Bereitschaft ihn anzunehmen und auf Spurensuche zu gehen, worauf er uns hinweisen will. Jetzt übernehmen wir die Verantwortung für uns und unser Fühlen. Die fünf Grundgefühle haben wir uns ja bereits genauer angeschaut. Mit ihnen als Basis kannst du dich immer wieder selbst überprüfen und herausfinden:

Welches Grundbedürfnis ist gerade nicht erfüllt?
Was brauche ich dafür?
Wie kann ich dafür sorgen?
Was sagen mir betroffene Körperteile?
Worauf weisen sie mich hin?
Wer oder was kann mich hierbei am Besten unterstützen?

Wenn du dieses Thema vertiefen möchtest, empfehle ich dir die Bücher: „Mein Körper – Barometer der Seele" von Jacques Martel oder „Heile deinen Körper" von Luise L. Hay. Allerdings reicht es nicht, nur zu lesen und die Fragen dann oberflächlich zu beantworten. In dem Fall verspreche ich dir, bleibt all das ein „intellektuelles Konstrukt", das nichts in deinem Leben verändern wird. Genau darum geht es nicht! Wenn du aber beginnst, dich aufrichtig auf dich selbst einzulassen, anstatt den Geschichten über dich weiter zu folgen, bekommst du Kontakt zu deinem wahren Selbst, und ein Prozess der Verinnerlichung setzt ein. Aus dieser gestärkten Verbindung mit dir entsteht eine neue emotionale Stabilität und Stärke quasi wie von selbst. Sie sind eine Folge. Eine Konsequenz auf dein „dich auf dich beziehen"!

Wichtig ist hier natürlich auch zu unterscheiden: ist es eine akute Stress-Situation oder eine chronische, also lange bestehende Situation? Im Grunde ist es zwar kein Unterschied, doch in einer echten Notsituation, also akut, geht es vielleicht tatsächlich gerade ums Überleben, wie wir aktuell bei den Überflutungen in Deutschland, aber auch auf der ganzen Welt, sehen. Solche Katastrophen machen uns schmerzlich bewusst, wie fragil unser Menschsein und unsere Abhängigkeit von unserer Umwelt tatsächlich ist. Die Natur braucht uns nicht, doch wir brauchen die Natur. Dies sollte uns immer bewusst sein. Jegliche Einseitigkeit, Monokultur oder sonstige Lebensweisen, die sich dem „Eingebundensein" in ein größeres Ganzes entziehen, werden uns früher oder später auf die Füße fallen. Wir haben die Fähigkeit, Erfahrenes auch emotional zu verarbeiten und eine Entwicklung hin zu uns zu vollziehen, bisher nicht vollumfänglich entwickelt. Indem wir dies tun, erhöhen wir unsere Widerstandskraft, um auch schwierige Situationen zu meistern. Noch stärker allerdings empfinde ich die Kraft, die wir aus der Annahme unserer Fragilität und Verletzlichkeit ziehen. Durch sie entwickeln wir Vertrauen in uns selbst und damit in unsere Selbstwirksamkeit und Selbstkompetenz.

EMOTIONALE UNSICHERHEIT RICHTIG DEUTEN

Wenn du zu den Menschen gehörst, die sich schnell missverstanden fühlen, sich immer gleich alles zu Herzen nehmen und alle Fehler sofort bei sich suchen, möchte ich speziell dir eine neue Sichtweise auf deine erlebte Unsicherheit geben. Denn tatsächlich unterliegen wir hier oft einer Missinterpretation unserer eigenen Wahrnehmung und Gefühle. Klar, wir haben bestimmte Vorstellungen, wie wir gerne auf bestimmte Situationen reagieren wollen: eloquent, schlagfertig, souverän, etc. Das verbinden wir schließlich mit Stärke, innerer Sicherheit und dem Gefühl, Herr der Lage zu bleiben… Doch was ist, wenn deine Unsicherheit gar nicht ausschließlich Unsicherheit ist, sondern wie ein Alarmsignal anschlägt und dir sagt: Du, halte mal inne, hier an der Situation oder dem, was der andere dir „verkaufen" will, stimmt was nicht? Hier macht dir jemand ein X für ein U vor. Klar, du weißt erst mal nicht, was, und du weißt zuerst auch nicht, ob es an dir, einer Einstellung oder am Gegenüber liegt. Doch was, wenn der Andere vielleicht gar nicht so aufrichtig oder präsent ist, wie es den Anschein macht?! Dieses Gefühl ist unangenehm und du interpretierst es als deine Unsicherheit, weil du bisher keine andere Definition für dieses Signal kanntest. Wie oft hast du hinterher schon gedacht: „ich wusste doch, da ist was faul". Was, wenn du Verunsicherung ab sofort nicht als deine Schwäche, sondern als Möglichkeit betrachtest, eine Situation oder ein Angebot nochmal auf Stimmigkeit zu überprüfen? Es geht dabei nicht darum „recht zu haben oder zu behalten", doch es geht darum, deine eigenen Gefühle und Wahrnehmungen nicht immer gleich wegzuschieben, sondern sie genau zu reflektieren und aus einem neuen, urteilsfähigen Blickwinkel zu betrachten. Wie oft hast du deine Gefühle schon übergangen und dich später über dich selbst geärgert? Auf diese Weise zahlst du immer weiter auf dein Misstrauens-Konto gegen dich selbst ein. Mach ab sofort deine Erfahrungen zu deinem Lehrmeister:

♡ *Dein Leben will, dass du dir selbst vertraust!*

Unbedingt und unmissverständlich! Ganz egal ob du es jemand anderen da draußen erklären kannst oder nicht. Es bedarf keiner Rechtfertigung. Ein „Nein, es fühlt sich gerade nicht stimmig für mich an", reicht vollkommen.

♡ *Keiner versteht dich, wenn du selbst es nicht tust!*

Manchmal braucht es ein Nein für ein Ja! Es kann auch sein, dass dir jemand was anbietet oder etwas möchte, was du dir auf gar keinen Fall zumuten willst. Das Nein und der Widerstand überfallen dich buchstäblich. Ich lebe beispielsweise in einer Patchwork-Konstellation mit meinem Partner und seinen drei Jungs. Bei Themen, die die Kinder berühren, haben wir oft ganz unterschiedliche Bedürfnisse. Für ihn ist klar, dass sie natürlich jederzeit kommen und bei uns sein können. Für mich ist klar, dass ich ihm das niemals verwehren würde! Aber manchmal kollidiert es eben auch mit meinen Bedürfnissen und passt so gar nicht in meine Pläne. Aber genau solche Umstände sind uns oft nicht mal bewusst! Und dann kommt als erstes: Oh Gott, nein, das geht jetzt überhaupt nicht. Gefolgt von einem schlechten Gewissen, dass ich doch nicht die „Böse" hier sein will. Seine Kids und er sollen sich ja sehen. Und sie sind mir ja auch wichtig. Der Punkt ist ein anderer: Wenn du so etwas aus deinem Leben auch kennst, dann ist es wichtig zu verstehen, dass dieses Nein, dieser erste Widerstand, erst einmal eine wichtige Schutzreaktion ist, der etwas Wichtiges zum Vorschein bringt. Denn hier kollidieren unterschiedliche Bedürfnisse und Wünsche. Diese gilt es zu sehen und ernst zu nehmen. Wir sind es gewohnt, genau solche Situationen „der Harmonie" wegen, wegzuschieben, anstatt das eigentliche Potenzial darin zu sehen. Ich fühle mich, unter gewissen Umständen, schnell zu sehr verantwortlich und befürchte, dann meine Grenzen nicht einzuhalten und meine Aufgaben nicht mehr erledigen zu können. Das bringt mich, allein bei dem Gedanken daran, in das Gefühl von Überforderung mit gleichzeitigen Selbstvorwurf: „Andere können das doch auch. Stell dich doch nicht schon wieder so an!" Doch genau das muss ich erkennen, denn jetzt kann ich fragen: ach so, ist das wirklich so? Was brauche ich für mich (meine Grenzen, Räume, Bedürfnisse), damit es doch auch mit Freude und Leichtigkeit, vielleicht sogar mit einer neuen Erfahrung für alle funktionieren kann? Wie kann ich meine Grenzen, Räume und Bedürfnisse achten und einhalten? Ich darf mir klar machen, dass ich nicht für alles verantwortlich bin und nicht alles am Laufen halten muss. Das können alle zusammen. Es ist ok, mich rauszunehmen, wenn ich Zeit oder was auch immer für mich brauche. Aber nur ich kann das wissen und dafür sorgen. Ich kann nicht erwarten, dass die Anderen es für mich tun. Auf diese Weise können neue Lösungen gefunden werden. Und schon kann aus einem Nein ein freudvolles Ja werden! Das ist der Punkt: Andere können uns nur übergehen, weil wir unsere eigenen Grenzen nicht kennen. Aber das ist unser Job, diese zu erkennen und zu definieren und für sie einzustehen. Das ist meiner Meinung nach ein Prozess und geht nicht immer von jetzt auf gleich. Die Struktur, aus der wir kommen, hat uns jahrelang etwas anderes „eingeflüstert"! Nur, wenn wir unsere Grenzen kennen und bereit sind, sie auch zu definieren, können wir sie auch wieder dehnen! Wir können sie vielleicht sogar sprengen, wenn wir mit uns und unseren Gefühlen und wirklichen Bedürfnissen in Kontakt zu bleiben.

Die Gute sein

Unser größtes Hindernis in unserer Selbstentfaltung ist, das es uns so unglaublich wichtig ist, dass andere Menschen ein „gutes Bild" von uns haben. Du erinnerst dich an meine Kundin, die mich kleinlich genannt hat? Wie konnte sie nur? Es scheint verwunderlich, dass es uns selbst von Menschen, die uns vielleicht gar nicht so wichtig sind, passiert, dass wir uns so sehr und schnell angegriffen und verletzt fühlen. Vielleicht mögen wir sie nicht mal (was wir uns natürlich auch nicht gerne eingestehen,) und trotzdem ist ihre Meinung über uns scheinbar überlebenswichtig! Vielleicht kannst du jetzt spüren, zu was für ein Gefängnis so eine Einstellung werden kann? Wenn du ein emotional freies Leben leben möchtest, kommst du um dieses Thema nicht herum. Du musst bereit sein, dich von dem zu lösen, was andere über dich denken könnten. Du musst sogar bereit sein, von anderen abgelehnt oder gar denunziert zu werden. Und du musst bereit sein zu akzeptieren, dass auch du nicht jeden mögen musst. Auch du darfst Menschen in deinem Leben und Umfeld abwählen. Nun bedeutet das nicht unbedingt, dass du unfreundlich bist. Aber du darfst Menschen, die dir nicht gewogen sind, auf Abstand halten. Das ist gesund. Das auch noch freundlich zu tun, ist vielleicht eine Königsdisziplin. Aber hey, was wäre, wenn es okay ist, das zu üben? Und dich zu freuen über solche Menschen, die sich zur Verfügung stellen, damit du üben kannst? Du bist auch „nur ein Mensch". Du darfst das. Du darfst Fehler machen oder dich unzulänglich und überfordert fühlen! Das macht dich nicht zum Opfer. Zum Opfer wirst du dadurch, dass du glaubst, dass das nicht sein dürfte. Das hält dich im Spiel. Niemand ist ohne Fehler und wenn wir das einsehen, dann werden Fehler zu wichtigen Helfern für unsere Weiterentwicklung.

Treten wir nochmal einen Schritt zurück und kehren zurück zu dir, deinen Gefühlen, verletzten Emotionen und vielleicht auch manch einer klaffenden Wunde in deinem emotionalen Feld (Emotionalkörper).

Deine wichtigste und erste Aufgabe ist es, diese Wunden und alle Emotionen, die mit ihnen einhergehen, anzunehmen.

Akzeptanz dafür zu entwicklen, dass da etwas ist, von dem du glaubst, das sollte nicht da sein! Auch wenn es unangenehm ist! Es ist nicht was du bist, aber es ist da und es will Zuwendung und zwar von dir! Ja, irgendwann hätten andere dir diese Zuwendung geben sollen. Vielleicht haben sie es sogar getan, aber du konntest sie gar nicht annehmen? Das ist im Grunde egal. In diesem Augenblick ist nur wichtig, was du jetzt tun kannst, wenn du gerade in so einer Identifizierung mit einer Verletzung steckst und dich als Opfer der Umstände fühlst. Das endet in dem Moment, indem du andere nicht mehr für die Erfüllung deiner Bedürfnisse verantwortlich machst, sondern dich selbst darum kümmerst. Natürlich ist es schön, wenn wir Menschen haben, die uns helfen und unterstützen. Aber niemand kann deine Wunden für dich auffüllen oder schließen. Das ist dein Job! Und es ist nicht nur möglich, sondern es kann sogar Spass machen und dich in ein tiefes Gefühl der Zufriedenheit bringen.

Wir haben soviel Angst vor dem Alleinsein. Auch ich komme daher. Einsam. Verlassen. Verletzt. Das Irrwitzige daran ist, dass wir uns mit diesen Gedanken und damit verbundenen Gefühlen tatsächlich in die Isolation bringen und uns abtrennen können. Und wie oft tun wir es in unseren Gedanken: „Keiner mag mich. Ich bin allen eh egal. Keiner liebt mich." Jeder dieser Gedanken ist schmerzhaft und verstärkt deinen emotionalen Zustand des Mangels. Anstatt uns genau diesem Zustand zu widmen, schimpfen wir auf die Welt, auf alle, denen wir anscheinend egal sind und versuchen uns so schnell wie möglich von diesem unangenehmen Gefühl zu distanzieren. Das soll weg! Ablenkung, Drogen, Alkohol, Konsum, Essen, … all diese Dinge nutzen wir dafür. Und auch das ist ok. Doch was ist, wenn da ein Aspekt, ein Mini-Du bei dir anklopft, das nur Eines will: genau von dir gesehen zu werden und endlich von dir Zuwendung und Verständnis zu bekommen. Die Liebe und das Mitgefühl, das du irgendwann so dringend gebraucht hättest. Und es klopft unaufhörlich und immer wieder an: „Hey, ich bin hier. Wann beachtest du mich endlich? Ich brauche DICH. Damit ich heilen kann und du und ich ganz werden! Denn du und ich sind eins!" Dein Schmerz will dich nicht immer noch mehr verletzen. Er ruft nach dir, damit du ihm hilfst und er „heilen" kann!

Annehmen

Das Erste, was wir also verinnerlichen dürfen, ist, dass wir den Schmerz – das was ist – annehmen lernen dürfen. Das ist diametral entgegengesetzt zu dem, wie wir bisher mit Schmerz umgegangen sind. Darum fühlt es sich erst mal ungewohnt und komisch, vielleicht sogar falsch, an. Wieso soll ich etwas annehmen, was ich nicht haben will? Frage dich zuerst, wer oder was in dir „denkt so?" Woher kommt diese Annahme, dass wir durch Ignoranz Dinge lösen könnten? Und uns gleichzeitig am Schmerz laben, in dem wir an ihm festhalten? Was wir nicht haben wollen, verstärkt sich. Kennst du das aus deinem Leben? In welchen Situationen hast du das bereits erlebt? Es gibt einen wichtigen Unterschied im Umgang mit Ereignissen in unserem Leben. Wir können Dinge „überleben", d.h. wir kommen irgendwie dadurch, haben aber keinerlei Reflektion oder Lerneffekt aus der Situation. Oder wir „meistern" eine Situation und bringen sie so auf eine neue Ebene in unserem Bewusstsein. Das Annehmen ist dazu ein wichtiger, wenn nicht der essenziellste aller Schritte. Bei der Annahme geht es nicht darum, das anzunehmen, was uns passiert ist, sondern die Gefühle, die das Erlebte in uns auslöst. Und zwar ganz unabhängig davon, ob wir selbst glauben, unsere Gefühle wären übertrieben, der Situation angemessen oder zu milde, gemessen an unserem Erleben. Wie wir auf Ereignisse reagieren ist immer individuell und darum nicht vergleichbar! Wir sind es gewohnt, dass abzulehnen, was da ist! Eine Klientin begleitete ich durch starken Liebeskummer. Sie hat emotional schrecklich gelitten. Alle ihre alten Traumata und vergangenen Erfahrungen stiegen in ihr auf und überrollten sie! Sie fragte zu recht: Wieso soll ich etwas annehmen, was so sehr schmerzt und weh tut? Ich will das nicht fühlen! Das schaffe ich nicht! Und ja, es scheint manchmal unaushaltbar. Doch die unglaubliche Wahrheit ist: indem wir dem Unaushaltbaren Raum geben und erlauben, das es SEIN darf, geschieht etwas in unserem System. Etwas in uns kann sich beruhigen, weil es sich zum ersten Mal gesehen und angenommen fühlt. Es gibt die Tränen, die scheinbar nie versiegen, weil wir innerlich die alten Dramen immer wiederholen. Und es gibt die Tränen der Transformation, indem wir zulassen, dass es sich so verdammt schlimm anfühlen darf! Das macht einen Unterschied, den du nur erleben, nicht aber jemanden beschreiben kannst, der es noch nicht durchlebt hat. Wenn es dir partout nicht gelingen will, eine Situation und den damit verbundenen Schmerz anzunehmen, dann füge noch einen Zwischenschritt ein: Ich nehme an, dass ich es noch nicht annehmen kann! Anders gesagt: Es ist ok, dass es noch nicht ok (für mich) ist! Auch das darf sein. Das ist sogar extrem wichtig. Wie du es auch drehst und wendest, du beginnst die Verantwortung für deine Gefühle zu übernehmen und die Energie vom Erlebnis – den Menschen, Dingen,

Orten, Zeiten und Ereignissen – abzuziehen. Der Schmerz hilft dir also, zu dir zurückzukehren oder er möchte dich auffordern, dir Unterstützung zu holen! Und diesen Zustand nenne ich: Annehmen was ist!

Atmen

Atem ist Leben. Das ist sicher nichts Neues für dich. Unser Atemsystem funktioniert unwillkürlich. Das heißt also, wir müssen uns über das Ein- und Ausatmen grundsätzlich erst mal keine Gedanken machen. Es wird über unser autonomes Nervensystem reguliert. Droht uns „Gefahr", so wird dieses System aktiviert und bringt bestimmte Prozesse in Gang. Stresshormone werden ausgeschüttet und der Körper damit überflutet. Die Folgen sind zum Beispiel:

- Herzschlag erhöht sich
- Atmung wird flach
- Blutgefäße verengen sich
- Muskelspannung steigt
- Verdauung wird herunter gefahren

All das dient unserem physischen Überleben und ist evolutionsbedingt. Es hilft uns, im Kampf oder auf der Flucht ungeahnte Kräfte zu entwickeln. Scheint beides ausweglos, stellt sich ein Zustand der Erstarrung, „des Totstellens" ein, das vor allem durch traumatische Erlebnisse aktiviert wird. Ich möchte dieses Thema hier nicht weiter vertiefen, es gibt genug Literatur, wo du diese Mechanismen nachlesen und recherchieren kannst. Für uns ist wichtig: wenn akuter Stress durch gedachte oder reale Gefahr auftreten, verändert sich unsere Atmung. Indem wir üben, unsere Atmung zu lenken, können wir die Stressreaktionen in unserem Körper positiv beeinflussen bzw. umkehren. Dafür brauchen wir Bewusstsein. Es gibt viele unterschiedliche Atemübungen und Techniken, den eigenen Atem regulieren zu können. Eine Variante, die ich gerne weitergebe, ist:

Stelle dir vor, dass deine Lungen bis tief in dein Becken gerutscht sind. Vielleicht legst du deine Hände zur Unterstützung auf deinen Unterleib. So ist es relativ einfach, tief in den Bauch hinein zu atmen. Falls dir diese Vorstellung unangenehm ist, kannst du auch einfach eine Hand auf dein Herz-Brustraum, die andere auf deinen Bauch, unterhalb des Bauchnabels legen und deinen Atem dorthin lenken, wo du deine Hände spürst. Übe sanften Druck mit deinen Händen aus, damit du deine Atembewegung leichter wahrnehmen kannst. So verbesserst du automatisch die Tiefe deiner Einatmung. Warte bis dein natürlicher Impuls aufsteigt, wieder Ausatmen zu wollen. Entspanne dabei auch den Druck deiner Hände und folge deiner Ausatmung. Zum Ende deiner Ausatmung ziehe deinen Bauchnabel sanft zu deiner Wirbelsäule hin. So lässt du wirklich allen verbrauchten Sauerstoff aus deinen Lungen raus. Folge jetzt deinem natürlichen Impuls zur Einatmung. Wiederhole das am Anfang 3 bis maximal 4x und atme dann ohne darüber nachzudenken weiter. Erlaube dir deinen eigenen Rhythmus zu finden. Wiederhole diesen Zyklus der vertieften Atmung nach 1 – 2 Minuten Pause, sodass du ein natürliches Gefühl für deine Atmung entwickelst. Wichtig ist, diese vertiefte Atmung bleibt weit und weich. Baue keinen neuen Druck darüber „wie atme ich richtig" auf! Spüre nach und erlaube dir zu fühlen, wie es sich für dich gut und stimmig anfühlt. Indem du beginnst, deine Gefühle anzunehmen und deinen Atem zu lenken, stellt sich bereits das Gefühl, etwas tun zu können, ein. Du wirst wieder handlungsfähig.

Raum geben

Nun entsteht ein Raum in dir, der all deine Gefühle da sein lässt. Du hast Gedanken und Gefühle, doch da ist nun auch ein Raum dafür. Dieser Raum ermöglicht dir, diese Gedanken und Gefühle zu beobachten und mit ihnen auf neue Weise in Kontakt zu treten. Diese vielleicht völlig neue Herangehensweise der Zuwendung erlaubt dir, die Anteile, die in Not sind, verängstigt, wütend, traurig, etc., zu sehen. Bisher hast du diese Anteile ignoriert, übergangen oder weggeschoben, weil sie dich überfordert haben. Das ist ok. Wir alle hatten hier einen Mangel und wussten nicht, wie das geht. Doch jetzt ist da dieser Raum, der es möglich macht, dir und diesen verletzten, schmerzenden Anteilen neu zu begegnen und sie akut oder, wenn sie schon sehr alt sind, nachträglich zu versorgen!

Lieben

Vielleicht fragst du dich immer noch: aber wie geht das denn jetzt? Wie schon gesagt. Es zu lesen reicht nicht. Es funktioniert, indem du dich einlässt und es tust – erlebe es. Sei es dir wert, dir hierbei Unterstützung zu holen, falls du alleine nicht klar kommst oder das Gefühl hast, nicht tief genug zu kommen. Das ist kein Versagen und du machst auch nichts falsch. Es ist ungewohnt und du hattest bisher nichts bzw. niemand, nachdem du dich richten konntest. Doch es ist lernbar. Und es wird leichter mit etwas Übung. Ja, es kann sogar Spass machen. In jedem Fall ist es sehr spannend und lehrreich. Du wirst dich selbst ganz neu erleben. Du kommst in Kontakt mit einer Version von dir, die du vielleicht noch gar nicht so richtig kanntest! Vielleicht hilft dir zu Beginn folgende Vorstellung: Falls du ein Kind/Kinder hast, dann brauche ich dir nicht zu erzählen, wie Zuwendung geht, oder? Wenn dein Kind sich verletzt hat und weint, wirst du dich ihm liebevoll zuwenden, es auf den Schoß nehmen und es trösten. Vielleicht hast du Tiere, die dir sehr wichtig sind und um die du dich hingebungsvoll sorgst. Oder eine Freundin/Freund, der/dem es schlecht geht. Meist sind wir viel besser darin, voller Verständnis und Zuwendung für andere da zu sein, als für uns selbst. Nutze diese Brücke, um für dich selbst da zu sein. Unglaublich effektiv kann es auch sein, dir ein Kuscheltier als Mittler für deinen verletzten Anteil hinzuzunehmen. Dein Einsatz für andere sind oft Projektionen der Liebe, die du in dir trägst. Jetzt geht es darum, diese Liebe und Empathie, die du bisher für andere eingesetzt hast, für dich selbst zu nutzen. Auch wenn wir irgendwann gelernt haben, dass unsere Gefühle falsch oder nicht in Ordnung sind, weil sie gerade nicht so gut in den Tagesablauf und ins Funktionieren passen, bedeutet das nicht, dass wir es nicht jetzt lernen können.

Kennst du folgende Situationen? Dein Kind weigert sich plötzlich, die Schuhe anzuziehen, oder will es partout selbst machen und du hast dafür gerade überhaupt keine Zeit. Du willst schnell los, du bist eh schon spät dran. Statt ruhig zu bleiben, was zwar etwas Zeit kostet, bist du voll drin und regst dich auf. Du blaffst das Kind an und ihr schaukelt euch gegenseitig auf. Jetzt braucht das Ganze natürlich noch viel mehr Zeit, ganz zu schweigen von der Energie, die sich aufbaut. Jetzt stell dir vor, Du bist das kleine Kind. Genau das sind nämlich solche Momente, in denen wir lernen, dass wir anders sein sollten und unsere Gefühle und unser Entdeckergeist nicht angebracht seien... Doch heute geht es um einen neuen Kontakt mit dir selbst und um Liebe. Selbst hier gibt es einen Weg der Annahme. Es ist ok, in der Situation überfordert gewesen zu sein mit deinem Kind. Erkenne hier deine Not, die entstanden ist, an. Du kannst die Situation annehmen und mit Liebe fluten. Du kannst für dich, deine Betroffenheit, deine Überforderung sorgen. Indem du sie anerkennst und aufhörst, dir selbst zu erzählen, „du dürftest so nicht sein".

Es ist unglaublich hilfreich zu verstehen, wie schnell wir in solchen Situationen selbst in die Rolle der „Kleinen" rutschen. Und jeder hat in diesem Moment sein Bestes gegeben.

Fragen, die dir helfen, Konflikte (im inneren oder mit anderen) für die Zukunft zu erlösen:
Was brauche ich jetzt?
Was hat mir gefehlt?
Wie kann ich meine Gefühle jetzt versorgen?!
Was brauche ich noch?
Sehe ich noch etwas, das es für den anderen oder für mich noch braucht? (z.B. Verständnis, Geduld, Sicherheit, ...)

Aus unserer Überlebens-Evolution tun wir folgendes: wir bagatellisieren Erlebtes: „Andere hatten es doch viel schlimmer, was stell ich mich so an, das war doch gar nicht so schlimm...." oder wir dramatisieren es: „Das hätte nicht passieren dürfen, XY hat mir angetan, darum kann ich nicht ... wie ich will, ..."

Einer meiner Lieblingssätze lautet: Nimm dich ernst, aber nicht zu ernst!

Das bedeutet: Es ist wichtig, dass wir Dinge, die wir subjektiv als „schlimm" erlebt haben, ernst nehmen, damit wir die gebundene Energie und unverarbeiteten Emotionen darin erlösen können! Wir müssen die blinde Loyalität, die wir als Kinder an unsere Eltern oder Schutzbefohlenen gebunden haben, aufgeben. Erst dieser Schritt erlaubt es uns, uns selbst wirklich zuzuwenden.

„Ich nehme mich, mein Erleben und meine Gefühle ernst! Ich nehme es zu mir und übernehme die Verantwortung für meine Gefühle. Meinen Zorn, Wut, Angst, Trauer, Unverständnis, …"

Dinge runterzuspielen, sie zu bagatellisieren, bindet deine Energie an den darin liegenden Schmerz. Es ist ein Ablenkungsprogramm, um den Schmerz nicht zu spüren, womit du aber genau das Gegenteil erreichst. Das Hochspielen, Dramatisieren hingegen versorgt den Schmerz immer wieder mit neuem Futter und bläst ihn so richtig auf. Wie ein Blasebalg. Das Paradoxe hier ist, dass wir so unseren eigenen Schmerzkörper „aufpumpen", um anderen zu signalisieren, dass sie uns bloß nicht zu nahe kommen. So will unser System neue Verletzung, neuen Schmerz verhindern! Besonders schmerzhaft macht in diesem Fall die Tatsache, dass wir den Schmerz nicht lösen können, weil wir darauf bestehen, dass uns eh niemand helfen kann.

Solche Sätze, wie „das war halt so, da kann man nichts machen" etc., zeigen uns, in welchen Themen wir noch drinstecken und wahrscheinlich noch nicht herausgewachsen sind. Doch auch hier gilt es, jetzt nicht die Keule der Selbstverurteilung auszupacken: „hab ich es immer noch nicht gerafft? Ich bin wohl ein besonders hoffnungsloser Fall." Erinnere dich. Du hast vorhin beschlossen, bedingungslos, liebevoll und wohlwollend mit dir zu bleiben und die Härte gegen dich aufzugeben. Das ist jetzt deine Chance. Genau jetzt! Hör´ auf, dir selbst weiter die Energie zu entziehen, indem du dich selbst fertig machst! Genau jetzt beginnst du, aus dem Spiel zwischen Täter und Opfer, Schuld, Scham und Vorwürfen auszusteigen. Was schlimm war, war schlimm. Ja. Doch sowohl im Bagatellisieren, als auch im Dramatisieren bestehen wir darauf und haben so einen entsprechenden Gewinn daraus: wir schützen den Schmerz (Schutzmauer) und müssen so nicht die Verantwortung für unsere Gefühle übernehmen (er-wachsen werden). Jetzt bekommst du vielleicht eine Idee davon, wie viele Menschen verletzte Kinder in erwachsenen Körpern sind. Viele von uns ein Leben lang. Auch wenn du denkst, dass du nicht leiden willst und dir das bestimmt nicht ausgesucht hast, es enthält eine Einladung an dich: Wachse über dich hinaus. Ermächtige dich, wo du einst ohnmächtig warst oder deine Macht abgeben musstest, um dein Überleben zu sichern. Jetzt liegt es an dir, dich von der Idee des Leidens (deines Kleinen Ich) zu lösen. Heute kannst du die einst verletzten und überforderten Anteile annehmen, sie versorgen und integrieren. Auf diese Weise erwächst du in deine göttliche Macht und Liebe. In der Identifizierung mit dem Kleinen Ich leiden wir, da es aus dem Boden der Trennung und des Mangels wirkt , in unserem göttlichen Selbst sind wir eingebunden und verbunden in ein größeres Ganzes, dessen Teil wir sind. Hier entsteht Magie und wir können auf unser gesamtes göttliches Potenzial zugreifen.

Die Lösung liegt immer jenseits des Problems, auf einer anderen Ebene im Bewusstsein.

Wenn wir auf das aktuelle Weltgeschehen seit 2020 blicken, sehen wir, wie leicht „die Geister sich scheiden" lassen. All das, was für uns im Kleinen gilt, lässt sich auch auf größere Systeme und das Gesellschaftsbewusstsein übertragen. Je mehr Ängste in uns sind und je mehr wir zu verlieren haben, desto anfälliger werden wir für Manipulation und Missbrauch. Je weniger wir uns selbst, unseren eigenen Wahrnehmungen und Gefühlen vertrauen, desto leichter folgen wir der Wahrheit anderer und geben unsere Verantwortung in vermeintlich „schlauere" Hände. Doch ist das wirklich klug? Was passiert, wenn wir die traumatischen Erfahrungen und die damit verbundenen Ängste, Schuld- und Schamgefühle unserer Vergangenheit mit in das

Gesamtbild nehmen? Wie können wir uns selbst und anderen begegnen, wenn die dadurch hervorgerufenen Ängste uns in Starre versetzen? Wie können wir respektvoll und wohlwollend bleiben, auch wenn wir unterschiedlicher Auffassung sind? Wo sind die Punkte, wo Dialoge und Zusammenhalt in Monologe und gegenseitigen Vorwürfen enden? Gibt es Lösungen, die jenseits unseres linearen, problembasierten Bewusstseins, im großen, unbekannten Feld der Möglichkeiten liegen? Wo greifen wir an, um uns selbst zu schützen? Nehmen wir mal an, wir alle wären Teil eines riesigen Experiments auf dem „Mutterschiff Erde". Wir könnten jedem Augenblick neu wählen, zu welchem Teil des Experiments wir uns zählen wollen. Wir könnten Angst, Abhängigkeit, Probleme, Schwere, Krieg, Mangel, Krankheit genauso frei wählen, wie Liebe, Freiheit, Lösungen, Leichtigkeit, Frieden, Fülle, Gesundheit? Was wäre deine Wahl in diesem Augenblick? Was wählst du? Wieso? Was wird dadurch freigesetzt? Welche Kausalkette wäre eine Folge? (Falls du jetzt Impulse hast, bitte schreibe sie dir unbedingt direkt auf. Vielleicht enthüllen sich dir wichtige Botschaften deiner Seele an dich.)

SEELEN-ENERGIE

Über die Jahrhunderte haben wir auf energetischer Ebene viele Energien weggegeben und unser Energiesystem auf vielerlei Weisen geschwächt. Wir sind emotional verstrickt mit anderen Menschen in unseren Umfeldern. Jeder Ärger, jeder unerlöste Konflikt hinterlässt eine Spur in unserem emotionalen Feld und schwächt uns. Diese Energie ist nun gebunden und steht uns nicht zur Verfügung. Hinzu kommt, dass wir andere Menschen als Projektionsfläche nutzen oder bestimmte Erwartungen an sie haben. Wir haben eine Vorstellung, wie sie sein oder sich verhalten sollen und umgekehrt.

Du musst dafür nicht zwingend an vergangene Leben glauben. Mache dir einfach bewusst, wieviel Energie wir innerhalb von Familiensystemen über die Generationen hinweg schon gebunden haben. Stell dir vor, deine Oma oder Uroma hat Hunger gelitten. Niemals wieder möchte sie das erleben. Sie überträgt dies auf ihre Tochter, die wiederum ein Gewichtsproblem entwickelt und egal, was sie auch tut, nicht abnimmt. Was könnte passieren, wenn die Energie dieses unerlösten Konflikts, der sich hier übertragen hat, erlöst würde und die Energien wieder „als pure göttliche Kraft" zur Verfügung stehen könnten, weil die Information „umgeschrieben" wird? Fühlst du, dass es Zeit für dich selbst ist, dich wieder zu ermächtigen und in deine natürliche Macht der Liebe zurückzukehren? So lange haben wir uns klein gehalten, kleinbei gegeben oder uns nicht getraut, unsere Wahrheit zu sprechen. Aus Angst vor den Konsequenzen. Denken wir nur an die Inquisition. Immer noch ist es in unseren Zellen gespeichert: für deine Wahrheit wirst du ausgeschlossen oder gar verfolgt, gefoltert, getötet… Diese Speicherungen und Seelenanteile lenken uns, bis wir die dort gebundene Energie mit entsprechenden Informationen erkennen und sie befreien oder umschreiben. So kehrt deine natürliche Energie wieder zu dir zurück.

Mit meiner höchsten Absicht aus der unerschöpflichen Kraft meines „Ich Bin" weise ich an:

Alle Ursachen, die ich einst, bewusst oder unbewusst dazu beigetragen habe, werden gelöst und gelöscht. Ich erkläre sie für Null und Nichtig, weil ich heute nicht mehr die bin, die ich damals war. Ich vergebe mir, vergebe allen, die mir weh getan haben und bitte jene um Vergebung, denen ich bewusst oder unbewusst Leid zugefügt habe. Ich vergebe mir selbst, dass ich diese Erfahrungen bewusst oder unbewusst gewählt habe. Alle Energie, die ich ausgesendet habe, möge jetzt, gereinigt und geklärt durch die höchste, göttliche Quelle, zu mir zurückkehren, auf vollkommene Weise, so wie alles, was ich aufgenommen und übernommen habe an die jeweiligen Aussender zurückkehren möge. Jetzt. Auf allen Ebenen und Dimensionen seit Anbeginn von Raum und Zeit. Ich weiß nicht was das Beste für mich/für den anderen ist, das Göttliche (oder Universum, Kosmos, Gott, Allah, die Liebe,...) weiß, was das Beste für mich/für den anderen ist. Nur die Liebe, nicht aber die Projektionen oder Erwartungshaltungen, bleibt. Ich bin frei. Ich bin frei. Ich bin frei. Es ist vorbei. Es ist vorbei. Es ist vorbei. Ich bin hier. Ich bin hier. Ich bin hier. So sei es und so ist es und so ist es!

Alle deine Glaubenssätze, Einstellungen und Überzeugungen haben dir irgendwann gedient, um dir dein Überleben zu sichern. Und zwar über den Tod hinaus! Das ist wichtig, wenn du dich als ewige Seele ernst nimmst. Deine Seele ist deine Speicherkarte, die alle deine unerledigten Themen, deine emotionalen Struggles und Irrtümer über dich oder das Leben, sowie dein höchstes, göttliches Potenzial enthält. Sie ist nur an deiner Entfaltung, Erfüllung und Glück interessiert. Sie unterscheidet jedoch nicht in richtig und ralsch. Sondern nur in Erfahrung und Weisheit.

Du hast die Macht und die Wahl, deine Einstellung von: „ich genüge nicht" zu „ich bin eine Bereicherung für die Welt" oder was auch immer dir wichtig ist, umzuschreiben.

Gleichzeitig darfst du dich mehr und mehr von der Idee lösen, dass du irgendetwas erreichen oder leisten müsstest, um wertvoll, geliebt oder angenommen zu sein. Du bist es bereits! Mit Menschen auf deiner Frequenzebene wirst du dich immer verstanden und besser fühlen, als mit Menschen, denen du noch immer beweisen möchtest, dass mit dir doch alles stimmt!

Löse dich (emotional und innerlich) von Menschen, die nur deine Kleinheit sehen wollen oder können, denn in Wahrheit schauen sie so auf sich selbst. Sie meinen es gut (meistens), doch agieren aus ihren eigenen Ängsten, Sorgen und Nöten und projizieren ihre Weltsicht, Einstellungen und Erwartungshaltungen auf dich! Es sind nur Meinungen, keine Wahrheit, es sei denn du stimmst dem zu! Verbinde dich mit Menschen, die dich in deiner Großartigkeit spiegeln und in deinem Sosein schätzen. Ja, solche Menschen scheinen selten. Doch je mehr von uns den Weg der inneren Heilung gehen und sich lösen von der Idee, wie jemand oder etwas sein sollte, desto häufiger werden wir ihnen begegnen. Ja, ich mache das ganz eigennützig für mich. Denn ich möchte in einer Welt leben, wo genau das „normal" ist. Es ist mir ein Herzensanliegen und meine Seele brennt dafür, auch dich zu erreichen.

In der Welt der aktivierten Traumata, also in dieser „Realität" hingegen, sind wir emotional labil und anfällig für die Meinungen oder Urteile anderer. Je mehr wir uns jedoch selbst in Allem erkennen und von den Identifikationen, die wir einst angenommen oder übernommen haben, lösen, desto klarer wird unsere Sicht auf die Realität der Wirklichkeit hinter dem Schleier des Sichtbaren und Greifbaren. In Kontakt mit uns selbst werden wir zu denen, als die wir ursprünglich gedacht waren. Zu Individuen – selbst denkende und fühlende Wesen mit einer klaren Haltung und würdevollen Ausstrahlung, die dem ursprünglichen Energiestrom ihrer Seele folgen. Weil sie sich selbst kennen und ihren Platz eingenommen haben. Sie sind nicht käuflich, gehen keine faulen Kompromisse ein und haben ein echtes Interesse am anderen.

? *Sag mir, mit welchen Menschen wünschst du dich zu umgeben? Und zu wieviel Prozent bist du selbst bereits dieser Mensch?*

12

Heiles Selbst – Neues Wir

Vor dem Wir muss das „Ich und Du" einmal durchfühlt sein und vom Ich zum Selbst er-wachsen!

Erst, wenn wir für uns Selbst stehen können, ohne den Mangel von unerfüllten Bedürfnissen durch andere, erfahren wir, das wir niemals wirklich getrennt vom Anderen existiert haben. „Alles ist Eins und miteinander verbunden" ist etwas, das wir erst fühlen können, wenn wir uns selbst finden. Erst jetzt wird das WIR – die Gemeinschaft – wirklich möglich! Weil sie nicht aus dem Mangel, sondern der Fülle unserer individuellen Fähigkeiten, Talente und natürlichen Gaben erwächst. Es potenziert sich.

Gemeinsam sind wir mehr als die Summe aller Teile.

Die meisten Dinge würden sich wie von selbst und auf natürliche Weise regulieren, wenn jeder ganz selbstverständlich das einbringen würde, was er liebt. Nicht, weil er muss, sondern weil er seine Seelengaben ausleben und mit seinen „mitgebrachten" Gaben andere unterstützen will. Doch dazu müssen wir wiederum spüren lernen, was uns von klein auf abtrainiert wurde: uns selbst zu entdecken, zu fühlen und unseren Freuden zu folgen. Jenseits der Erwartungen, konditionierten Vorstellungen und Systemen durch andere. Anstatt Vorwürfe zu machen und Schuld zu verteilen, kümmern wir uns um unsere verletzten Gefühle und fangen an, neu zu denken und im Kleinen zu starten.

Ich bin Ich – Du bist Du

Als soziale Wesen haben wir ein natürliches Verlangen nach Harmonie. Doch immer Harmonie haben und Konflikte um jeden Preis vermeiden zu wollen oder nicht aushalten zu können, hat einen höheren Preis, als uns auseinanderzusetzen und geht auf Kosten unserer seelischen, geistigen und oftmals körperlichen Gesundheit. Das Ungeklärte, Unausgesprochene, Ungefühlte schwelt in uns und bahnt sich seinen Weg. Je mehr wir abhängig vom Wohlwollen und der Meinung des anderen sind, desto bereitwilliger schmeißen wir unsere eigenen Werte oder Überzeugungen über Board: „um des lieben Friedens Willen!" Doch dass das kein Frieden ist, brauche ich dir nicht mehr zu erklären. Nicht immer können wir unsere Konflikte und unerledigten Emotionen mit der Ursprungsperson klären. Doch das ist in den meisten Fällen auch gar nicht nötig. Du kannst es für dich tun. Denn auch hier geht es primär darum, dass du dich verstehst und ernst nimmst – nicht, dass der andere dies tut! Eine große Herausforderung für unser Menschsein ist es, in innerem Frieden zu bleiben, auch wenn es mal nicht harmonisch zugeht oder sich eine Situation nicht so entwickelt, wie du es dir vielleicht gerne gewünscht hättest. Kannst du in Frieden mit dir bleiben, selbst wenn du gerade laut oder nicht friedvoll auf eine Situation reagiert hast? Oder steigen sofort der Zweifler, der innere Kritiker oder der Antreiber in dir auf? Auch hier gilt die Wahl, die du triffst.

Ich bin in Frieden damit, wenn es unharmonisch ist. Ich bin ok und ich bleibe in innerem Frieden, selbst wenn ich nicht in Frieden damit bin!

Das ist wichtig. Unsere Gefühle lassen sich nicht belügen. Wir haben so heilige Ansprüche an uns selbst und genau diese verhindern oftmals, das wir ok mit etwas sind. Wir hätten es schließlich besser, klüger machen sollen oder es hätte nicht soweit kommen dürfen, oder, oder, oder, ... Überall lauert unser innerer Richter der (Selbst-)Verurteilung. Doch erinnere dich! Du bist schon ok genauso, wie du bist! Du bist genug! Es ist jetzt an der Zeit, an dich zu glauben!

Jeder gibt in jedem Augenblick sein Bestes.

Auch wenn es sich scheinbar ganz anders zeigt. Wenn dich jemand verletzt, dann tut derjenige das in der Regel gar nicht, um dich zu verletzen, sondern, weil sich die Person selbst schon in die Ecke gedrängt und verletzt fühlt. Das hat oft gar nichts mit dir zu tun. Wenn jemand dich angreift oder dir droht, dann passiert das nicht per se, um dich zu treffen, sondern um sich selbst zu schützen! Die Person sorgt in diesem Moment für sich. Und das macht einen Unterschied! Allerdings tut es dir deswegen nicht weniger weh! Und da sind wir wieder: worum geht es jetzt für dich? Die Verantwortung für deine Gefühle trägst du. Für das, was es mit dir macht und in dir auslöst.

Deine Gefühle zu dir zu nehmen und dich um sie zu kümmern, so dass du dich wieder sicher und wohl in dir und deinem heiligen inneren Raum fühlst! Schwierig ist es dann, wenn Angriffe oder Verletzungen durch Menschen geschehen, die uns eigentlich wichtig sind: Eltern, Geschwister, Partner, ... und wenn ein gegenseitiges Verstehen nicht möglich scheint. Es gibt eine einfache, aber effektive Methode, hier die Energie rauszunehmen und ähnlich, wie wir es vorhin schon gesehen haben, zurückzuholen. Doch vorher noch eine Anekdote:

Die Mutter meines Partners hatte die Angewohnheit, so zu tun, als hätte sie wirkliches Interesse an jemandem/einer Sache. Doch sobald man sich ihr öffnete, wollte "etwas in ihr" wie beweisen, dass sie die Bessere sei... Als sie uns einmal besuchte, kamen wir in eine Situation, in der ich es nicht mehr schaffte, bei mir zu bleiben. Ich zitterte am ganzen Körper, konnte meine Tasse kaum halten und schrie sie regelrecht an. Es war einfach zu viel. Natürlich wollte ich weder laut sein noch schreien, aber in diesem Augenblick brach es aus mir raus, weil sie auch noch ihren Enkel mit in diese Spielchen hinein zog. Ich wusste, das laut werden in ihrer Familiendynamik häufiger vorkam und keine Veränderung herbei führte (wie auch?!). Das machte es auch nicht besser. Um mich zu beruhigen und einfach etwas zu tun, goss ich mir einen Tee auf. Während er zog, nahm ich das Etikett und las die Teebeutel-Weisheit darauf: Gott hilf mir, rein zu sein – aber erst später. Ich musste laut lachen. Was für eine kuriose Situation. Völlig unangebracht und gleichzeitig goldrichtig! Ja, es ist nicht immer möglich, alles richtig zu machen, weil wir manchmal auch gar nicht wissen, was das Richtige ist! Vielleicht ist das, was passiert ist, bereits das Richtige gewesen? Sonst wäre es doch anders gewesen? Gerade im Erlauben von dem „was ist" liegt die Chance zur Transformation. Es geht nie darum „alles richtig zu machen", sondern dir das zu erlauben, was du bei anderen vielleicht ablehnst! Ich wiederum komme nämlich aus einem System, wo die Emotionen komplett unterdrückt und weggeschoben werden. Dagegen ist doch mal was raushauen bereits ein Fortschritt oder? Das, was gewesen ist, ist das Beste, das sein konnte!! Die Frage ist, kannst du in Frieden damit sein, besonders mit dir, wenn du nicht so reagiert hast, wie das auf deiner Ich-mach-alles-richtig-und-gut-Agenda steht?! Ich bin schon in Ordnung. Selbst, wenn ich mich mal inadäquat oder „kacke" verhalte. Und was heißt das überhaupt? Ja, wir wünschen uns alle Wohlwollen, Würdigung und Wertschätzung. Doch wir sind eben auch manchmal ganz schön weit weg davon. Manchmal sagen wir etwas ganz wohlwollend und in der Welt des anderen kommt es vollkommen anders an. Manchmal ist es wichtig, in der Sprache „des anderen" zu sprechen, damit es „bei ihm" ankommen kann. So ist der erste Schritt immer der, mit uns selbst wohlwollend zu bleiben! Und zwar in jedem Augenblick. Wenn uns das gelingt, gelingt es uns auch, dem anderen wohlwollend gegenüber zu treten. Selbst wenn er gerade mit dem Bagger durch unseren gerade schön angelegten, inneren Garten wütet. Es hat nichts mit dir zu tun, sondern mit ihm selbst! Ich weiß, ich wiederhole mich hier, aber es erscheint mir so wichtig und unerlässlich, dass wir das wirklich in uns fühlen können und verinnerlichen: nicht jeder Mensch will sich verändern oder gar „heilen". Das ist dein Weg. Weil du jetzt an diesem Punkt in deiner Entwicklung und Seelenreife stehst. Die Aufgabe hier ist es, zu erlauben, dass der andere so sein und bleiben darf, wie er ist. Und du auch. Doch du setzt hier auch deine Grenzen und regulierst die Räume, die du anderen zur Verfügung stellst. Und wenn jemand deine Räume nicht akzeptieren will oder kann, dann ist das auch eine Wahl. Warum sollst du dich dafür schlecht fühlen oder die Verantwortung dafür tragen? Hast du das nicht lange genug getan? Vielleicht ist es genau diese Grenze, die nötig ist, damit der andere einen Entwicklungsschritt überhaupt machen kann? Nicht um deinetwillen, doch um seinetwillen? Du willst immer noch die Annahme und Akzeptanz deiner Eltern? Dann fang an sie zu akzeptieren, wie sie sind. Akzeptiere aber auch, dass das vielleicht bedeutet, deinen Kontakt mit ihnen so zu takten, wie es für dich gut und und stimmig anfühlt. Verstehe du dich! Und dann suche dir Menschen, die dich verstehen, ohne dass du dich verbiegen und anstrengen musst. Das ist dein Tribe (Stamm) – deine Seelenfamilie. Du bist nicht hier, um andere zu verändern, sondern die zu sein, als die du angetreten bist. Deine Energie will in die Welt und darauf darfst du dich ausrichten.

Gibt es also Konflikte mit Menschen in deinem Leben, die du nicht mit dem Anderen klären kannst (weil es vielleicht nicht im Bereich des Möglichen ist), empfehle ich dir einen Energieausgleich mit betreffenden Personen zu machen, um all die Projektionen, Erwartungshaltungen und emotionalen Verstrickungen zwischen euch zu trennen. Ich wähle hier bewusst das Wort trennen, statt lösen, weil es manchmal Trennung braucht, um Verbundenheit und Liebe wieder spüren zu können. Wenn auch auf einer übergeordneten Ebene. Und auch, wenn du die Gelegenheit hast, auf der äußeren Ebene Konflikte zu erkennen und zu lösen, geht es doch viel tiefer in unsere emotionalen, energetischen Ebenen hinein. Auch hier ist es eine wundervolle Bereicherung für dich, dich auch auf diesen emotional-energetischen Ebenen noch einmal bewusst zu lösen um wieder ganz zu dir zurück in deine Kraft zu kommen. Mich begleiten diese Übungen seit meiner ersten Begegnung mit Lilo und ich bin tief dankbar für ihre Einweisung in die Welt der Energiearbeit. Also lass es uns tun:

Seelen-Ausgleich & Vergebung

Begebe Dich in einen geschützten Raum der Ruhe, zünde eine Kerze an und schaffe dir die Umgebung so, dass Du dich ganz und gar wohl fühlst.

Bevor du mit dem Seelenausgleich und der Vergebung beginnst, führe bitte eine Schutzmeditation aus oder schütze dich auf eine dir bekannte und gewohnte Art und Weise. (Beides findest du als Link zur gesprochenen Version zum Mitmachen im Anhang!)

Bitte um den göttlichen Segen für die bevorstehende Arbeit für dich und alle Beteiligten zum höchsten Wohle Aller und verbinde dich von Herz zu Herz mit deiner geistigen Führung.
Visualisiere nun den Menschen und das Ereignis, für das du die Vergebung und den Seelenausgleich ausführen möchtest. Bitte auch die geistigen Führer und Schutzengel dieses Menschen herbei.

Nun sprich laut oder innerlich: Liebe/r .... geb. am.........................
Danke für dein Hiersein.
Es ist nun an der Zeit, dass ich mir und dir alles vergebe und verzeihe, was wir uns bewusst und unbewusst, bekannt und unbekannt angetan haben, auf allen Ebenen und Dimensionen seit Anbeginn, aus allen Inkarnationen.
Ich danke dir von ganzem Herzen für alles, was ich durch dich lernen, erfahren und erkennen durfte in mir und jetzt sehen und erlösen kann.
Ich gebe dir alle Seelenanteile und Seelenenergien zurück, die dir gehören und nicht mir, und die ich bewusst und unbewusst, bekannt und unbekannt, geplant und ungeplant aufgenommen habe aus allen Leben. Auf allen Ebenen und Dimensionen seit Anbeginn von Raum und Zeit, zu 100% und mehr bis 0 und unter 0, gereinigt durch die höchste göttliche Quelle – Jetzt!!!
Atme 3 x tief ein und aus mit einer inneren gebenden Einstellung.
Und nun bitte ich dich, mir alle meine Seelenanteile und Seelenenergien, die ich jemals bewusst und unbewusst, bekannt und unbekannt, geplant und ungeplant, aus allen Leben, auf allen Ebenen und Dimensionen seit Anbeginn

des Seins, ausgesandt habe, die mir gehören und nicht dir, mir jetzt zurückzugeben. Zu 100% und mehr bis 0 und unter 0, gereinigt durch die höchste göttliche Quelle –Jetzt!!!
Atme 3x tief ein und aus und spüre wie deine reine Licht und Liebesenergie zurückkommt.
Du bist Du und Ich bin Ich. Du bist frei und Ich bin frei. Du gehst deinen Weg deiner Liebe und Wahrheit und Ich den meinen. Jeder von uns ist vollkommen in seiner Freiheit, Selbstbestimmtheit und Verantwortung.
Ich wünsche dir von ganzem Herzen alles Gute auf deinem Erkenntnisweg und segne die Erfahrung, die ich mit dir teilen durfte. Ich übergebe sie dir, meinem heiligen Geist (Gott, dem Universum), denn du kennst die Lösung.
Ich danke der höchsten göttlichen Quelle, VaterMutterGott, meinen Schutzengeln und geistigen Führern für die Unterstützung und Hilfe, und ich bedanke und verneige mich tief vor meiner Seele.

Atme 3 x tief ein und aus – für deinen Körper, deine Seele, deinen Geist.

Die Person, mit der du gearbeitet hast, löst sich nun langsam vor deinen inneren Augen auf. Manchmal zeigt sich auch nochmal ein Lächeln in deren Gesicht oder es gibt noch eine persönliche Botschaft der Liebe oder Erkenntnis an dich. Sei einfach offen dafür. Und wenn nichts kommt, ist es auch gut! Es geschieht primär alles für DICH!

Bleibe noch eine Weile in einer tiefen inneren Dankbarkeit für alles, was geschehen durfte.
Atme ruhig und tief Liebe und Frieden ein und aus und kehre mit Deiner Aufmerksamkeit dann, wenn du soweit bist, zurück in dein Tagesbewusstsein.

13

Innere Anteile & Bilder *Integration*

Die Arbeit mit den inneren Anteilen und Bildern ist so individuell wie die Erfahrungen, die wir alle machen. Doch, es gibt ein paar goldene Regeln, die ich dir am Ende dieses Kapitels zusammenfasse. Sie helfen dir, dich sicher durch deinen Prozess zu führen.

Lerne darauf zu vertrauen, dass du geführt bist und das Alles zum höchsten Wohle Aller geschieht.

Dies ist eine wichtige Haltung für eigentlich alles in deinem Leben. Wir können nicht alles kontrollieren. Am wenigsten haben wir Einfluss darauf, wie andere auf uns „reagieren". Daraus haben wir geschlossen, dass wir uns noch mehr anstrengen und uns die Liebe, von Menschen, die uns wichtig sind, erst verdienen müssen. Doch mit jeder weiteren Anstrengung erhöht sich der Druck und somit der Anspruch an uns selbst und an unser Umfeld. Anstatt dem Lebensfluss zu vertrauen, verhalten wir uns sehr beherrscht und versuchen alles richtig zu machen. So blockieren wir, was sich durch uns im Leben entfalten möchte. Das bedeutet aber auch, dass wir in jedem Augenblick, in dem wir Anstrengung, Überforderung, Unzulänglichkeit, Unsicherheit, etc... wahrnehmen und wir uns aufgewühlt, unruhig oder unzufrieden fühlen, die Möglichkeit haben, genau hinzuschauen. So kommen wir uns näher, sinken eine Ebene tiefer in uns selbst hinein und können hier auf Entdeckungsreise zu unseren inneren Anteilen gehen. Gefühle zu übergehen ist in unserer Gesellschaft nicht nur eine Strategie, es wird auch als „völlig normal" angesehen. Muss es deswegen so bleiben? Ist es deswegen richtig? Nein. Wie mein Vater zu sagen pflegt: „Das war schon immer so!" Ein Satz den ich heute getrost bei ihm lassen kann.

Was du für die Arbeit mit deinen inneren Anteilen wirklich brauchst, ist dir selbst mit genau der Offenheit und Unvoreingenommenheit zu begegnen, die du dir von anderen wünschst. Fang du damit an und zwar bei dir selbst. Und ja, das ist für viele schon ein undenkbarer Schritt und sie fragen sich: „aber wie soll das gehen?" Es ist wie eine neue Spur, die du bisher nur noch nicht genutzt hast. Vielleicht wirst du zu Beginn etwas mehr Aufmerksamkeit dafür aufwenden müssen, um dir diese Spur zugänglich zu machen und dir anzueignen. Doch es wird ein Gewinn für dein gesamtes weiteres Leben sein.

Arbeite mit dem was sich zeigt!

Auch an dieser Stelle nochmal der Hinweis: Nichts in deinem Leben ist da, um dich zu zerstören, sondern dich aus deinen selbstzerstörerischen

Mustern und begrenzenden Überzeugungen „aus deiner Hypnose" zu befreien! Hier habe ich einige Beispiele aus meiner Praxis für dich zusammen getragen. Vielleicht erkennst du dich in der einen oder anderen Situation wieder und kannst aus diesen Storys bereits wertvolle Erkenntnisse für dich ziehen und ein Gefühl für die Abläufe jeder individuellen, inneren Reise zu bekommen.

Dani und der schwarze Stein

Dani wollte sich aus dem Fängen ihrer „beherrschenden Mutter" befreien. Sie wollte auf keinen Fall so werden wie sie und noch weniger, dass ihre Kinder mal so über sie als Mutter denken sollten wie Dani über die ihrige. Darüber verfiel Dani in ein sehr „beherrschtes" Leben, in dem sie vieles von dem ausklammerte, was ihr wahres Wesen ausmachte. Hinzu kam die Sehnsucht „weg von allem zu wollen. Am liebsten alles hinzuschmeißen". Je mehr wir Situationen kontrollieren wollen, desto wahrscheinlicher verstecken sich dahinter verletzte Anteile und Erfahrungen, die nach Erlösung suchen. Ich bat Dani, hinzuspüren und mir zu beschreiben, wie sie sich in solchen Situationen fühle und wo in ihrem Körper dieses Gefühl am stärksten reagierte. „Ich bin dann so aufgewühlt. Es sitzt in meinem Oberbauch. Es ist wie ein dunkler, schwerer Stein und dann ist mir auch übel." Nun sollte sie diesem Gefühl, anstatt es weghaben zu wollen, danken, dass es da ist und sich selbst dafür, dass sie nun endlich bereit war, sich der Botschaft hinter diesem Gefühl zu widmen.

„Es ist ok, das du da bist!"

„Ich sehe dich."

„Bitte zeige dich mir."

„Es tut mir so so leid, dass ich dich so lange ignoriert habe."
„Dass ich dich nicht fühlen wollte, weil es soo unangenehm ist."
„Und ich so große Angst hatte, damit in Kontakt zu kommen."

ANNEHMEN – ATMEN – RAUM GEBEN – LIEBEN

Nun bat ich sie, durchzuatmen und mir rückzumelden, welche Gedanken, Bilder oder Gefühle in ihr aufstiegen. Sie erwiderte: „Als wir das jetzt gemacht haben, dachte ich: ich sehe die Anteile ja, aber sie sind ja dann immer noch da! Reicht das jetzt nicht endlich? Ich komme dahin, diese Anteile zu sehen und zu fühlen. Aber was mache ich jetzt damit? Das ändert ja nix." Anmerkung: Wenn du dahin kommst, dann bist du bereits weiter als die Meisten. Aber genau hier brechen viele ab. Besonders wertvoll wird es, wenn wir genau hier weitergehen und schauen, welches Geschenk sich dahinter verbirgt. Dani wollte wissen: „Was mache ich denn jetzt mit diesem schweren, zitternden Stein in meinem Bauch?" Erinnere dich: wir arbeiten immer mit dem, was da ist! Ich selbst weiß auch nie, was kommt! Diese Arbeit braucht deine vollkommene Offenheit und Annahme von dem, was sich als nächstes zeigt. Ich fragte also, ob sie den Stein mal direkt fragen könne, was seine Botschaft an sie ist, bzw. ob er mit ihr sprechen wollte? Die Antwort dauerte nicht lange… „Der Stein sagte mir, dass ich ihn selbst erschaffen habe und das ich doch mal bitte damit aufhören soll, ihn immer weiter zu nähren." Erstaunlich, oder? Dani fragte direkt: „und wie kann ich das denn machen? Was hab ich den falsch gemacht?" Sie musste dabei schon lachen, weil sie ja inzwischen wusste, dass es genau darum nicht ging! „Was tue ich denn, dass ich den Stein immer noch nähre und vergrößere?" Ich gab die Frage direkt zurück an sie: „hat der Stein eine Antwort darauf?" „Ich soll mich nicht selbst so schlecht machen und auf mir rumschlagen." Hier intervenierte ich kurz und wir sprachen etwas über die subtilen Formen von Gewalt, besonders auf der emotionalen Ebene. Dani machte im Kindergarten die Erfahrung, das sie für etwas beschuldigt wurde, das sie gar nicht getan hatte. Als natürliche Folge und „Rettungsanker" versuchte sie, alles richtig zu machen und es allen und jedem recht zu machen! Und daraus entsteht dann so ein großer Anspruch und Druck, den wir niemals erfüllen können. Glauben, das zu können, ist der „wahre Größenwahn". Ich bat sie also nochmal zum Stein zurück zu kehren und ihm zu sagen: „Ok, ich habe dich selbst erschaffen und ich danke dir so so sehr, dass du so lange ausgehalten und mich immer wieder erinnert hast, was ich da getan habe, aus der Angst heraus, mich nie wieder so falsch fühlen zu wollen. Nicht schuldig zu sein und einfach so sein zu können, wie ich eben bin. Ich danke dir so so sehr und vielleicht bin ich jetzt bereit, wirklich neue Wege zu gehen." Ich ließ Dani nun überprüfen, ob und wie sich Form, Konsitstenz, etc. des Steins veränderten. Er verblasste bereits, wurde gräulicher und löste sich etwas auf. Ich fragte nach, ob Dani fand, dass er sich ganz auflösen dürfte oder ob er vielleicht als Instanz noch wichtig für sie sein könnte.... Es kam ein klares Jein! „Ja gerne, aber dann weiß ich ja gar nicht, woran ich mich festhalten soll." Siehst du, wie essentiell wichtig es ist, genau hinzuschauen? „Er ist irgendwie noch ein Halt. Ich hab Angst, ich löse mich auf, wenn ich ihn jetzt ganz loslasse und „neue Wege" gehe, wie wir es jetzt besprochen haben!" Anmerkung: jedes Lösen von einer Identifizierung ist ein Auflösen! Der Punkt ist, es passiert nichts. Aber für diesen Aspekt, diesen Anteil ist das wie ein Tod! Und das gilt es ernst zu nehmen. Jetzt gilt es, herauszufinden, ob dieser Anteil noch als Halt wichtig ist, oder ob es sogar noch ein wichtiger Anzeiger dafür ist, um dich zu warnen, wenn du wieder in die alte Spur von „ich bin schuldig und ich muss mich ganz doll anstrengen" zurückfällst. Also genau anders herum – nicht als Bestätigung „ich habe es wieder falsch gemacht", sondern als Hinweis und Erinnerung: „ah ich glaube und folge wieder meiner alten Überzeugung, dass ich es eh schon verkackt habe!" Dani bejahte beim 2. Aspekt, dass er ihr noch dienen könnte, sich zu korrigieren, wenn sie in die alte Spur fiele und versuchte, jeden und alle zu bedienen und es ihnen recht zu machen, auch wenn es auf ihre eigenen Kosten ginge. Durch diesen Aspekt wurden wir noch auf ein weiteres Muster in der Familiendynamik aufmerksam: Wenn du dich „richtig" verhältst, bist du geliebt, und wenn du dich „falsch" verhältst, wirst du bestraft mit dem Abzug von Wohlwollen und Liebe. (Liebesentzug). Ich forderte sie auf, genau das mal auszuhalten und nicht sofort korrigieren zu wollen! Dass da jemand war, dem sie die Macht gegeben hatte darüber, dass sie sich geliebt oder ungeliebt fühlte! „Halte aus, es zu fühlen, wenn dir jemand vermeintlich die Liebe entzieht. Das Loch und der Mangel der dadurch entsteht, ohne den jetzt zu beurteilen – ach so ist das. Boah, das ist echt ein krasses Scheißgefühl." (Manchmal muss ich Dinge so ausdrücken und „entschuldige" mich dann für diese Wortwahl. Doch ich bekomme dann immer wieder das Feedback, dass es sich genauso anfühlt. Hören wir auf, Dinge schönreden zu wollen. Gerade wenn es unsere Gefühle betrifft.) Es ist niemand außer dir verantwortlich, dieses Mangel-Gefühl aufzufüllen. Nur du kannst das. Du kannst das Loch auffüllen! Indem du diese Liebe, die du ja auch bist, für dich einsetzt. Du strahlst sie aus. Bisher hast du sie für andere verwendet. Für deine Kinder, für die Klienten, für die Dinge, die du im Außen gemacht hast, damit die Anderen diesen Schmerz, den du so gut kennst, nicht fühlen müssen. Um „dieses sich ungeliebt fühlen", „nichts tun zu können", bei Anderen zu vermeiden, hast du dich selbst verlassen. Jetzt bat ich Dani hineinzuschauen, ob ein bestimmtes Bild von ihr, eine Situation, ein Gesicht in ihr aufsteigt. Männlich, weiblich, jung, alt, es konnte alles sein. Vielleicht käme auch nichts. Einfach mal hinspüren. Dani sah sich, als sie sehr klein war. Es gab auch Fotos von ihr in diesem Alter, auf denen sie, wie sie fand, recht unsicher wirkte. Was ja auch ihrem generellen inneren Gefühl von sich entsprach. Indem sie jetzt in Kontakt mit dieser kleinen Dani war, spürte sie die Verbindung zu ihrem Muster: „Ich muss mir die Liebe erst verdienen. Ich muss mich ganz doll anstrengen, um diese Liebe zu bekommen. Ich muss erst was erfüllen." Also eine Liebe, die an Bedingungen geknüpft ist. „Sonst haben andere das Recht, mir diese Liebe zu entziehen." In der Identifikation mit diesem Gefühl war Dani diesem machtlos ausgeliefert. Und für die kleine Dani stimmte das auch! Für sie war es Realität. So lange wir sowas nicht nach-korrigieren, wird das immer auch unsere innere Wahrheit bleiben, die wir natürlich vor anderen verstecken. Ich fragte Dani: „Wie alt ist denn die Kleine?" „3, 4 Jahre." „Und wenn du dich bei ihr mal so umschaust, wo befindet sie sich? Drinnen, Draußen, wie sieht die Umgebung aus?" Dani antwortete, dass es sich um einen Raum im Kindergarten handelte. Das verunsicherte Dani nochmal, weil sie Angst hatte, jetzt vielleicht zu konstruieren und zu sehr an dieser einen Erfahrung zu klammern. Der Punkt ist, unsere Seele spricht immer in Bildern und in Form unserer Gefühle zu uns. Und sie zeigt uns, was wir jetzt nehmen und „tragen" können. Darum gilt immer: was da ist, ist das, womit wir weitergehen. Die kleine 3–4 Jährige Dani befand sich also immer noch in dem Raum im Kindergarten. Bei einem Fotoshooting. Sie wollte nicht fotografiert werden und schämte sich so dafür. Jemand gab ihr eine Puppe, die sie füttern sollte, damit man sie nun endlich fotografieren könne. „Ich mag das nicht. Ich will das gar nicht." Ich fragte sie, ob sie sehen könne, wie übergriffig und was für subtile Gewalt das für sie gewesen sein musste? Dani bejahte! Nun sollte sie sich direkt an die Kleine wenden und ihr Folgendes sagen: „Ohweh, das war ja wirklich wirklich schlimm für dich und es tut mir so leid, dass du das erleben musstest. Und dass es alle normal gefunden haben, oder nicht so schlimm." Jetzt stiegen auch die noch nicht abgeschlossenen Emotionen dieser Erfahrung in Dani auf und sie fügte hinzu, dass sie jetzt parallel ihren kleinen Sohn sehe, der ähnlich unsicher wie sie war und wieviel sie von ihren Erfahrungen auf ihn projizierte, bzw. ihn bewahren wollte vor Ähnlichem! Und dadurch nicht wirklich ihn sah! Dass sie das, was die kleine Dani eigentlich gebraucht hätte und sie sich selbst geben sollte, nun ihren Kindern gab! So ein wichtiger Moment! Und nochmal: es geht hier nicht um richtig und falsch oder gar Schuld, sondern nur um die Korrektur des eigenen Erlebens. Jetzt war es an der Zeit, das, was der kleinen Dani gefehlt hatte, diese Liebe, sich selbst zu geben: „Ok liebe kleine Dani, du warst so verunsichert. Du wusstest nicht, wie du dich verhalten sollst. Und hast nicht verstanden, warum du diese Liebe erst verdienen musstest oder solltest und Dinge auf eine bestimmte Weise machen musstest! Und auch, wenn das von Außen Kleinigkeiten zu sein schienen, nehme ich jetzt ernst, wie schlimm das für dich gewesen ist. Und wie „falsch" und verrückt, was dir angetan wurde. Und… es ist vorbei. Es ist vorbei. Es ist vorbei. Ich sehe dich und werde von jetzt an, dich nie wieder übergehen. Vielleicht brauche ich noch etwas Übung dafür. Vielleicht kannst du mich darin unterstützen, dass wir das zusammen schaffen." Ich wollte wissen, wie die kleine Dani sich jetzt fühlt, ob und wie sich die inneren Bilder veränderten. Lachend meinte die große Dani: „die kleine Dani freut sich!" Erleichterndes Lachen. Und so fuhren wir fort: „Vielleicht müssen wir noch etwas experimentieren, wie das für uns beide richtig gut funktioniert." Ich möchte wissen, ob die Kleine dazu auch Lust hat! „Ja total, die springt auf und freut sich, ist ausgelassen!" „Dann ist es jetzt an der Zeit, dass wir diesen Raum, diesen Kindergarten, ein für alle mal verlassen. Ich bin da für dich. Und ich nehme dich jetzt mit in meine Welt. Denn ich habe schon ganz viel für uns beide vorbereitet. Dass es jetzt leicht für uns wird. Dass wir uns neu entdecken können. Und neue Wege in Leichtigkeit finden und gehen können. Von heute und jetzt an, möchte ich, dass du weißt und dich in jedem Augenblick erinnerst, dass mit dir alles in Ordnung ist. Dass du genauso richtig und gut bist, wie du bist.

Deine Unsicherheit war ein ganz wichtiges Signal, denn so hast du gespürt, wenn etwas für dich nicht stimmig war. Scheinheilig oder sonstwie falsch. Du und ich, wir gehen jetzt. Wir verlassen die alte Welt „Schuld und schlechtes Gewissen" und öffnen uns für unser wahres Sein. Für unsere Liebe, Verbundenheit, Geborgenheit, Freude und Frieden. Und zwar unabhängig von dem Verhalten anderer." Jetzt bat ich Dani, die Kleine an die Hand oder auf den Arm zu nehmen und diesen Raum zu verlassen, aus dem Gebäude zu gehen, die Straße entlang, wie auch immer das damals aussah. Immer weiter und dann ganz bewusst dahin zu gehen, wo sie heute wohnt, in diesen Raum, in dem wir jetzt gemeinsam sprachen und verbunden waren. Die Kleine war da und hielt auch engen Körperkontakt mit der großen Dani. Ich bat sie, diesen Kontakt in den nächsten Tagen bewusst aufrecht zu halten und sich immer wieder zu verbinden, hinzuspüren und den Kontakt immer wieder zu nähren und zu schauen, was die Kleine braucht. Weiterhin sollte sie üben, hinein zu spüren, ob die Impulse, denen sie von nun an folgt, ebenfalls mit der Kleinen zusammen und ihren Bedürfnissen im Einklang sind. Diese Session war nun beendet und bevor wir uns trennten, stellten wir nochmal ganz bewusst den Kontakt zur erwachsenen Dani und ins Hier und Jetzt her. Noch einmal fragte ich nach dem Stein in der Oberbauchgegend. „Er ist jetzt mit sich selbst beschäftigt. Und irgendwie ist er wie zerbröckelt und will sich auflösen, glaube ich." Genauso soll es sein!

Die folgende Anweisung ist in diesem Zusammenhang vielleicht auch für dich und deine Selbstermächtigung hilfreich.

Ich .... , aus der Kraft meines Allerheiligsten, meinem Ich Bin, weise an, dass alle Ursachen, die ich jemals bewusst oder unbewusst gelegt habe, für die ich mich immer noch verurteile, schuldig fühle oder ein schlechtes

Gewissen habe, für null und nichtig erkläre. Ich gebe all diese Erfahrungen, aus allen Leben, auf allen Ebenen und Dimensionen, wieder zurück in die höchste göttliche Quelle – in die Hände Gottes. Ich nehme meinen freien Willen, meine Liebe, meine Freiheit und Wahrheit wieder zu mir und für mich in Anspruch! Ich löse mich von dem Konzept von Schuld und Scham, richtig und falsch. Ich vertraue mir, in meine Wahrnehmung, in meine Werte. Dass ich immer sicher und geführt bin, um das für mich Stimmige zu tun. Richtig und falsch waren so lange wichtige Parameter für mich, und es hing so viel für mich dran. Mein ganzes Überleben. Ich erkenne, wie sehr ich mich dadurch selbst eingeschränkt und beherrscht habe. Um andere nicht zu verletzen, um nicht noch mehr verletzt zu werden, als ich mich schon verletzt gefühlt habe. „Ich muss Liebe verdienen," daran habe ich so lange geglaubt, dabei ist das die Lüge. Ich liebe. Und Ich Bin geliebt. Von nicht mehr und nicht weniger als vom Leben selbst, von der Liebe, von Gott, vom Universum, wie auch immer ich es auch nennen möchte. Ich bin die Quelle und das Wasser (Gefühle). Ich bin das Fließen und das Sein. In meinem Sein erkenne ich mich, meine Essenz und den natürlichen Energiestrom meiner Seele an! Ich bin sicher und geführt. Ich unterscheide sehr wohl, was für mich stimmig ist – dem wende ich mich zu, und was für mich nicht stimmig ist – dem sage ich: danke, nein, und gehe mit erhobenem Haupt und sicherem Schritt weiter. Ich bin genauso richtig und gut, wie ich bin. Ich bin Liebe und Liebe fließt zu und durch mich, in jedem Augenblick. Ich bin, die ich bin. Ich nehme meine Kraft und die Macht meiner Liebe wieder zu mir zurück. Ich entlasse all die Menschen, Dinge, Orte, Zeiten und Ereignisse, wo ich die Verantwortung für die Gefühle anderer übernommen habe. Genauso, wie ihr verantwortlich seid für euch, für euer Wohlergehen, so bin ich es für mich! Und diese Aufgabe nehme ich jetzt und auf neue Art und Weise zu mir und an. Ich bleibe wohlwollend, wertschätzend und würdigend zu allererst mit mir selbst und dann mit allen

anderen. In Achtung meiner Gefühle und meiner Wahrheit. Ich lasse die Härte und die Gewalt gegen mich fallen und lege sie zurück in die göttlichen Hände von Allem was Ist. Ich vertraue in mich, in meine göttliche Führung und ich traue mich jeden Tag ein Stück mehr ich selbst zu sein. Die zu entdecken und zu nähren, die ich in Wirklichkeit immer schon gewesen bin. Das, was ich nicht bekommen habe – scheinbar – ist das, was ich fühlen wollte, weil ich es schon bin und es ist das, was durch mich in diese Welt getragen werden will: Liebe ist Liebe. Liebe ist bedingungslos. Sie richtet nicht, jedoch sie richtet sich aus. Dieser Ausrichtung in mir folge ich. Tag für Tag. Schritt für Schritt. Ich liebe und ich bin geliebt. Und für all die Anteile und Aspekte, die sich in mir noch ungeliebt fühlen, bin ich da, bin ich hier, bin ich hier!
Atme 3 x tief ein und aus für deinen Körper, Seele und Geist.

CONNY UND DIE ANGST, ANDERE ZU VERLETZEN

Conny hatte Angst vor dem Autofahren. Doch es ging weit über normale Angst hinaus. Es war pure Panik, die sie abhielt, sich ans Steuer eines Autos zu setzen. Die Panik, jemand anderen verletzen oder gar töten zu können. Bisher vermied sie es, dieses Thema anzugehen. Es ging ja auch so. Doch als sie neulich durch eine wunderschöne ländliche Gegend fuhr – als Beifahrerin, versteht sich – wurde ihr plötzlich bewusst, dass sie nie in so einer Gegend leben könnte, weil hier ein Auto unablässig war. Diese Erkenntnis erschütterte sie tief. Ihr wurde klar, was sie sich versagte! Ich muss zugeben, ich zögerte etwas vor dieser Session, weil ich ihre große Angst, jemanden zu verletzen, irgendwie nicht mit dem, was ich sonst von ihr wahrnahm, zusammenbrachte und hier nichts in sie hineinprojizieren wollte. Also machte ich es wie immer, ich löste mich von meinen Vorstellungen und Ansprüchen, etwas lösen zu wollen und wir machten uns auf die Reise. Nichts in ihrer Geschichte wies auf ein Trauma hin, das diese krasse Reaktion rechtfertigen könnte, also widmete ich mich dem, was da war! Ich fragte Conny, wo diese Angst denn säße in ihrem Körper. „In meinen Kopf. Er ist wie aufgebläht und der Hals ist wie zugeschnürt. Den Rest meines Körpers spüre ich gar nicht." Okay, sagte ich. Da wir beide uns schon länger kennen, fragte ich direkt: „ist dein Kopf abgetrennt?" „Ja." Ich versicherte mich erst, ob es okay sei, diese Situation zu fühlen und fragte nach: Wenn du dich so umschaust, siehst du noch was, ist da noch jemand? Bist du alleine? Während sie in sich hinein schaute, bat ich die höchste Göttliche Quelle, ihren Kopf mit Hilfe der geistigen Chirurgen energetisch wieder mit ihrem Körper zu verbinden. Und zwar alle Gefäße und Bereiche! Wir wussten jetzt, dass ihre Angst nicht daraus stammte, jemanden umgebracht zu haben, sondern genau das selbst erlebt zu haben. Ich fragte sie, ob sie bereit sei, dieser Seele, die ihr das angetan hatte, zu vergeben. Während ich sie durch den Vergebungs- und Lösungsprozess führte, stiegen Bilder in ihr auf. Sie war alleine im Wald. Es regnete, als eine Kutsche sie überfuhr. Der Fahrer stieg aus, um ihr zu helfen, doch es war nicht mehr möglich. Sie starb mit dieser Erfahrung in den „Knochen". „Niemals darf mir passieren, dass ich Schuld an dem Tod eines Anderen bin." Nachvollziehbar oder? Doch jetzt, durch das Erkennen, was passiert war und das es schon lange vorbei war, dass sie „lebt" und hier ist, konnte sich der Seelenanteil, der noch in dieser Erfahrung steckte, erlösen und heilen. Conny hat sich so ein neues Stück Freiheit zurück erobert. Ich bin gespannt, welche Veränderungen das in ihrem Leben zur Folge hat. Für den Moment ist eine Schwere von ihr abgefallen, eine neue Körperverbindung hergestellt und alles fühlt sich leichter, heller, freundlicher und „geerdet" an. War Conny jetzt bereit, das Lenkrad ihres Lebens wieder vollends in ihre Hände zu nehmen?

Irene und die Hexe

Als Irene zu mir kam, wollte sie wissen, ob sie mit dem, was sie tat (in der Erwachsenenbildung) am „richtigen Platz" sei. Permanent hatte sie das Gefühl, nicht zu genügen. Sie hatte wahnsinnige Angst davor, Fragen, die ihr gestellt wurden, nicht adäquat oder ad hoc beantworten zu können. Das machte ihr enormen Druck. Auf der einen Seite bereitete sie sich dadurch immer sehr gut vor, doch auf der anderen Seite reichte es in ihren Augen nie. Für sie war immer Gefahr, auf eine Frage nicht genug vorbereitet zu sein. Anderen „Lehrern" würde das nie so passieren. „Das ist immer nur bei mir?" erklärte sie mir. Ich wollte wissen, was passieren würde, wenn sie eine Frage mal nicht beantworten könnte: „Na dann enttäusche ich sie, dann denken sie schlecht über mich und stellen mich in Frage. Ich will dieses Gefühl: „ich genüge nicht" einfach nicht mehr haben. Diesen Anspruch und die Erwartungshaltung, wenn ich mal eine Frage nicht beantworten kann, die nicht mal die Wissenschaft weiß.... Und dann mit so einem fast bedauernswerten Blick... Ich will das nicht mehr. Vielleicht mute ich mir einfach zu viel zu?" „Vielleicht. Was wäre denn anders, wenn dieses Gefühl nicht mehr da wäre?" „Ich muss nix beweisen! Ich bin verdammt nochmal gut genug so wie ich bin." Dann bin ich die fröhliche, aufgeweckte Irene, klar und klug. Die ich ja auch bin. Aber die andere ist so viel stärker. „Wer ist denn die andere?" „Sie ist eine alte Hexe, die da rechts hinter mir steht." „Eine Hexe? Ok, wofür sorgt sie denn?" „Sie kontrolliert mich, damit nichts Schlimmes passiert!" „Oh, was ist denn das Schlimme, das passieren könnte?" Nun erzählte Irene, dass sie früher manchmal angehalten wurden, Dinge nicht zu erzählen, damit niemand merken sollte, dass sie mehr hatten als andere in ihrer Gemeinde. Irene fand das komisch und erzählte dann eben auch manchmal Sachen, die so nicht stimmten, damit bloß niemand merkte, dass ihre Familie komisch sei. Seitdem war sie es gewohnt, so zu funktionieren, und durfte sich oder andere auf keinen Fall enttäuschen. Um nicht an das Ur-Gefühl der Familie zu kommen: „wir sind komisch". Dadurch verstärkte sich in Irene die Idee, dass sie sehr viel leisten musste, um sich wertvoll (richtig, so wie sie ist) fühlen zu können. Fehler bedeuteten hingegen die Gefahr: jetzt kommt es raus. „Ich will niemanden enttäuschen" sorgte dafür, dass sie stets auf alles vorbereitet war, um möglichst das Gefühl „ich genüge nicht" zu umgehen. Aber darunter lag ihre eigentliche Überzeugung, die sie vor sich selbst verbarg: mit mir stimmt was nicht und keiner darf es merken. Die Hexe sorgte dafür, dass die junge Irene mit all dem klar kam und schützte sie vor diesem Schmerz. Nun bemerkte Irene, dass das aber vielleicht nicht mehr ganz zeitgemäß war und fragte nach, ob es heute vielleicht eine bessere Strategie für sie gäbe, mit der sie entspannter klar kommen würde. Ich fragte Irene, ob sie möchte, dass die Hexe noch bei ihr bliebe. Sie verneinte, und gemeinsam erlösten wir die Hexe von ihre Aufgabe und entließen sie.

„Ich bin genug. Ich weiß genug und ich bin hier." Nun konnte sie diesen Satz nicht nur voller Überzeugung sagen, sondern auch fühlen! Und darauf kommt es an. Es war nun kein hohles Lippenbekenntnis mehr aus dem Verstand. Irene kam innerlich wieder zu sich und konnte sich von der Idee lösen, alle und jeden „befriedigen" zu müssen. Niemand weiß alles und alle machen Fehler. Reicht unser Bestes nicht oder macht es keine Freude, dürfen wir uns fragen, ob es „der richtige Ort/ die richtige Stelle ist". Erst, wenn wir unsere Hintergrundmotive erkennen, können wir uns wieder mit unseren wahren Werten und den dahinter liegenden Bedürfnissen verbinden. Und nur dann sind wir in der Lage, wieder klar zu sehen und für uns wohlwollende Entscheidungen zu treffen. Nun, wo Irene ihren kindlichen Anteil „ich bin komisch – niemand soll es merken", sowie den damit verbundenen Schmerz erkennen und annehmen konnte, konnte sie erneut prüfen, ob sie an der Herausforderung dieser Stelle wachsen will, oder sich einem anderen Weg zuwendet.

... 1 Tag später schrieb sie mir: „der Elektriker war lustig. Hat mich original gefragt, was ich denn für ne Komische bin, dass ich kein WhatsApp habe. Ich musste sooo lachen. Das Leben schreibt die besten Geschichten." Kein Gedanke an: ja stimmt, ich sollte anders sein.

Linda – im Auge des Sturms

Mit Linda im Gespräch kamen wir schnell an einen Punkt, an dem sie sagte: „all die Anforderungen und Erwartungen an mich, das ist wie in einem Sturm, das ist alles so viel und dann will ich auch noch so viel. Und was ich auch mache, dann denke ich, etwas anderes wäre vielleicht wichtiger und manchmal schaffe ich dann gar nichts mehr. Dann schalte ich einfach ab!" Mit 10 Jahren entwickelte Linda eine „Angststörung", die lange behandelt wurde. Ich wollte wissen, ob sie sich noch erinnern könne, was dem voran gegangen sein könnte. Denn laut Ärzten war es eine genetische Disposition, die besagte, dass ihr gewisse Botenstoffe fehlten... doch die Diagnose einer Ärztin war noch frappierender: Lindas Mutter begann kurz bevor die „Störung" auftrat ein Studium und war plötzlich nicht mehr für Linda „verfügbar". Als die Mutter die Ärztin fragte, ob sie das Studium vielleicht aufgeben solle, erwiderte die Ärztin: „das ist ein Erpressungsversuch deiner Tochter. Auf keinen Fall." Wichtig: es geht mir hier nicht um die Wertung, sondern um die Botschaft! Denn Linda erzählte weiter: „meine Mutter war der wichtigste Mensch in meinem Leben. Sie war wie ein Teil von mir! Und dann war sie plötzlich nicht mehr da!" Die Mutter, die bis dato Struktur und

Richtung gab, fiel im Alltag des Mädchens plötzlich weg. Linda war schlicht und einfach überfordert mit der Situation. Es gab keine „Übergabe". Kein Heranführen an mehr Selbstständigkeit, an „wie kann ich Vertrauen in mich und meine Entscheidungen entwickeln?" Du siehst, ob und was in uns eine traumatische Ebene berührt, muss nichts Dramatisches sein, noch böswillige Absicht.... Mir erschloss sich nun das Bild und ich sah Linda in einem Wirbelsturm sitzen. Überall waren Bälle in diesem Sturm mit Projekten, Ideen, alltägliche Dinge, alles was eben so anliegt. Zuerst hatte die Mutter für sie die Bälle (Aufgaben) ausgewählt und ihr so Struktur und Richtung gegeben. Und genau dieser Part fiel von jetzt auf gleich weg und Linda fühlte sich diesem Sturm ausgeliefert. Er überwältigte und bedrohte sie! „Ich bin bedroht in meinem Sein, jemand will mir weh tun. Ich verstehe das nicht. Ich fühle mich bedrängt und weiß nicht, von was oder warum? Wie Speerspitzen, die auf mich gerichtet sind. Wieso ist denn was schlecht an mir?" Das waren ihre Schlussfolgerungen als Kind. Wir verstanden nun also, dass es für Linda um etwas Essentielles ging, was aber für die Erwachsenen kein Problem darstellte. Sie dachten: „Linda sei halt etwas verträumt und falle etwas aus der Reihe". Ja und dann noch die Angststörung... Wir stiegen in dieses Bild ein. Ich bat Linda, sich in eine Schutzkugel zu begeben und sich mit Himmel und Erde zu verbinden. Nun sollte sie diesen Sturm um sich herum visualisieren. Der Sturm, die Bälle, die Speerspitzen, ... sie sollte mir sagen, wie eng und bedrohlich das Ganze sei und ob es für den Moment so ginge. Ich erzählte ihr, dass sie früher diesem Sturm ausgeliefert war, weil ihr niemand beibringen konnte, damit einen Umgang zu finden. Wie auch? Sie wussten ja nicht mal, was in ihr los war! Sie verstand es ja selbst nicht! Ich erinnerte sie, dass sie heute die Macht habe, diesen Sturm zu beeinflussen. Sie sollte sich jetzt bewusst dafür entscheiden: im Auge des Sturms zu sitzen, in ihrer Schutzkugel und göttliche Energie/Liebe ein- und ausatmen, so dass sich der Abstand zwischen ihr und dem Wirbel um sie herum vergrößerte und mehr Raum für sie entstand. Sie bejahte, dass das ginge. „Du nimmst sehr viel wahr?" fragte ich. „Ja", erwiderte sie. „Ich mache mir immer schon um alle und alles Gedanken. Das ist wie ein Fluch." „Du siehst mehr als andere. Fühlt es sich so an?" „Ja!" „Ok, kannst du das für den Moment mal ganz ernst nehmen, dass es so ist? Und dass mit dir alles ok ist?" „Ja." „Gut. Jetzt visualisiere, dass der Wirbelsturm um dich herum langsamer wird. So dass die einzelnen Bälle und damit verbundenen Aufgaben sichtbarer für dich werden. Funktioniert das?" „Ja." „Ok, Sind da Bälle dabei, die mit dir gar nichts zu tun haben und gar nicht zu dir gehören?" „Ja." „Ist es ok, wenn wir diese Bälle zu den Aussendern zurückkehren lassen?" „Ja, bitte!" Wir taten es in einer abgewandelten Form des Seelenausgleichs. Aber natürlich blieben einige Bälle übrig. „Mich interessiert ja auch viel und ich brauche Abwechslung. Das habe ich mir bisher aber auch immer vorgeworfen". „Wundert dich das?", fragte ich nach? „Nein. Irgendwie wird mir gerade total vieles klar und alles macht so viel mehr Sinn. Ich nehme (immer schon) so viel wahr, auch von anderen, und versuchte dann, es allen recht zu machen. Kein Wunder, dass ich mich so erschöpft fühle." Ich ließ sie einen Moment nachspüren. „Wie fühlst du dich jetzt?" „Ruhig und klar." „Was macht die 10jährige Linda?" „Sie ist auch entspannt und hat schon Ideen, lach." „Ok, wenn du in Zukunft in dieses Gefühl der Überwältigung und Bedrohung kommst, möchte ich, dass du dich, wie wir es jetzt gemacht haben, aktiv dafür entscheidest, dich in diesen Sturm zu entspannen und zu beginnen, den Sturm zu lenken. Sie dir die Bälle an und wähle, für welchen Ball du dich jetzt entscheidest, an welcher Aufgabe oder Priorität du arbeiten möchtest. Bisher hat der Gedankensturm dich gelenkt. Nun lernst du, ihn zu lenken."

Die meisten hochempathischen Menschen die ich kenne, sind sehr mitfühlend, verständnisvoll, oft milde mit anderen und hart gegen sich selbst.

Weil sie sich selbst in Frage stellen, lassen sie andere leicht und gerne über ihre Grenzen gehen. So nach dem Motto: „das ist für den anderen jetzt wichtiger, das halte ich schon aus. Bevor der andere sich durch mich verletzt fühlt, verletzte ich mich lieber selbst." So sind wir Meister im Aushalten und der Selbstverletzung – toxisch mit uns selbst! Dann bleiben wir nicht bei uns, in unserem Raum, sondern verlassen uns und gehen komplett von uns weg, hin zum Anderen! In der Folge leben wir nicht mehr für uns und gestalten uns nicht das Leben nach unseren Wünschen und Vorstellungen, sondern erfüllen und leben die Lebenskonzepte anderer. Wenn wir beginnen, unser Lebenssteuer wieder in unsere Hände zu nehmen, werden wir all den Aspekten und Anteilen unseres Selbst begegnen, die wieder zurück nach Hause – in unser „Ganz Sein" – wollen.

♡ *Emotionen folgen ihrer eigenen Logik, die sich dem Verstand entzieht!*

Wir sind „Gefangene" unserer Erfahrungen und hypnotisieren uns selbst durch die Geschichten, die wir uns täglich erzählen. Um diesen Kreislauf zu durchbrechen, ist es notwendig, uns unseren inneren Überzeugungen und Einstellungen liebevoll und gleichzeitig aufrichtig zuzuwenden.

! *Hier habe ich dir alle Punkte zusammen gefasst, sodass du einen goldenen Faden hast, dem du auf deinen inneren Reisen folgen kannst. Nimm dir jeweils bewusst etwas Zeit und Ruhe. Bleibe auch hier achtsam und liebevoll mit dir. Schaue auch hier: wie weit will ich gehen?!*

1. *Das was da ist, ist willkommen – ich nehme es an.*
2. *Ich sehe dich – Ich nehme dich ernst.*
3. *Es bzw. du bist in Ordnung so, wie du bist.*

4. *Erfasse die Botschaft – was will das Gefühl, der Anteil, das Symbol (wie beispielsweise der Stein) mir sagen?*
5. *Bin ich/ist der Anteil noch in einem alten Raum/ Erleben „gefangen"?*
6. *Muss ich mir oder einem anderen vergeben?*
7. *Folge der Spur Schritt für Schritt.*
8. *Was sich zeigt ist „richtig". Sonst wäre es nicht da.*
9. *Brauche ich eine Bestätigung oder Erlaubnis mich lösen zu dürfen? Von wem?*
10. *Verlasse die Situation bewusst und versorge die unerfüllten Bedürfnisse.*
11. *Löse dich vom Ergebnis und bleibe offen für die Lösung!*
12. *Stelle sicher, dass nichts mehr offen ist für den Moment und falls doch, benenne es, damit du daran anknüpfen kannst, ohne dir Druck zu machen! Es ist ok, dass es noch da ist.*
13. *Kehre bewusst zurück ins Hier und Jetzt. Atme tief, verneige dich vor dir selbst, deiner Seele, der Erfahrung. Schaue dich im Raum um. Spüre deine Füße am Boden, bewege dich, spüre deinen Körper.*

„Ich bin hier, für mich da. Alles ist jetzt gut so, wie es ist. Bestärke dich noch einmal. Und erinnere dich: du tust es immer für dich und alles geschieht zum höchsten Wohle aller!"

Es ist ebenfalls möglich, dass du mit körperlichen Reaktionen auf die inneren Reisen reagierst. Auch hier heißt es, Ruhe bewahren, den Raum halten und durchfühlen. Es darf da sein. Denn nicht selten geht diese Arbeit tief in die Zellen und wirkt hier in der Tiefe. Wenn du unsicher bist, hole dir Hilfe. Weise dich und/oder andere an, dass immer genau das passiert, was für alle Beteiligten verarbeitet werden kann. Überfordere dich nicht. Diese Arbeit ist kein Wettrennen und folgt nicht den Gesetzen des Verstandes. Sie folgt einer emotionalen Logik, die wir uns erst wieder ganz neu erobern dürfen. Es ist wie ein Alice im Wunderland-Film, der sich dem Verstand entzieht. Deine Intuition führt dich! Vertraue in deine Kompetenz der Heilung (und in die Kompetenz des anderen). Besuche einen meiner Workshops. Oder buche einen Termin, wenn du unsicher bist und dir Begleitung wünschst.

Nun hast du bereits einen Eindruck erhalten, wie unzählige Gesichter und Facetten innere Anteile haben können und wie unterschiedlich sie sich zeigen. Sie können als Teil von dir auftreten oder sich fremd anfühlen. Im Grunde ist es egal, denn wir gehen immer gleich vor: wir wissen, dass alles einen Sinn und Zweck hat, und wir begegnen diesem Anteil oder Gefühl mit bedingungsloser Liebe und voller Akzeptanz. Nur so kommen wir an die für uns relevanten Informationen und können dann schauen, wie wir neu mit ihnen umgehen, sie behalten oder uns von ihnen lösen wollen. Hier können wir auch von Dehypnose oder De- bzw. Neu-Codierung, sprechen. Manchmal entscheiden auch die Anteile selbst. Sogar, wenn sich Anteile als sehr mächtig oder gar „böse" zeigen, sind sie das in den wenigsten Fällen. Wenn du aber den Eindruck hast, dass da wirklich „mehr dahinter steckt", zögere nicht und suche dir professionelle Hilfe. Letztlich gilt: was auch immer dir im Geistigen begegnet ist nur so mächtig, wie du es zulässt. Der Gewinn ist, dich selbst wieder zu ermächtigen und in deine göttliche Kraft und dein Ur-Vertrauen zurückzukehren. Es gilt Folgendes: „Alles was sich zeigt sind Aspekte von mir, die ich erschaffen oder "gerufen" habe, um Situationen, die ich einst nicht handhaben konnte, zu überleben". Es ist also ein Akt der Liebe, dass dies geschehen konnte. So können sich in diesen Aspekten beispielsweise auch sehr eifersüchtige, rachsüchtige Tendenzen „verstecken", die wir natürlich nicht so gerne zu uns nehmen möchten: „ich doch nicht". Diese Kellerkinder bezeugen, was wir vor uns selbst verbergen, bzw. von uns selbst nicht sehen und annehmen wollten. Nochmal zu Erinnerung: „All diese Aspekte sind nicht gegen dich, sondern wollten dich einst schützen". Wenn du also Rachegedanken hegst oder grollst, weil jemand dich sehr verletzt hat und du dir „nichts Gutes" für ihn wünschst, bedeutet das erst mal, dass du die Verletzung sehr ernst nehmen und sie versorgen darfst. Rede darüber. Finde ein Ventil. Denn sonst trägst du diese gebundene Energie weiter und weiter mit in deine Zukunft. Indem wir ehrlich zu uns selbst sind und uns unsere Emotionen und Gefühle eingestehen, beginnen wir uns von solchen Menschen und Erlebnissen zu distanzieren und zu heilen. Das ist aus meiner Sicht auch der Sinn von Vergebung. Nicht um des anderen Willen, doch um unser Selbst Willen.

14

Spiritualität

„Deine" Spiritualität ist der Traum, den du hattest, als du hierher gekommen bist.

Was auch immer es ist, das dich in deinem Leben bewegt: Du bist hierher gekommen, um einen Unterschied zu machen. Für dich. In dieser Welt. Bisher hast du vielleicht noch nicht oder nur unzureichend gefunden, wonach du gesucht hast, weil du immer noch zu sehr in deinem Außen gesucht hast. Du warst wahrscheinlich die perfekt angepasste Version der Person, die du dachtest sein zu müssen, damit du geliebt, angenommen und anerkannt wirst. Dein Weg bis hierher war anstrengend. Denk immer daran: unsere äußere Welt ist der Spiegel unseres inneren Befindens. Im Kleinen und im Großen (wir als Weltengemeinschaft). Das ist wichtig.

Was du bist und wie du über dich denkst, zählt.

? *Was leitet dich? Unter welchem Stern steht dein Da-Sein? Worum geht es für dich in deinem Leben? Wenn der aktuelle Lebensabschnitt (Kapitel) deines Lebens einen Titel hätte, wie hieße dieser? Bist du am Anfang, in der Mitte oder am Ende dieses Kapitels? Besteht da schon eine Aussicht auf ein neues Kapitel, das von dir geschrieben werden will?*

Du kannst das Leben nicht kontrollieren, doch indem du deine Energie, deine Gedanken und Gefühle, deine Überzeugungen, vor allem aber das, was du aussendest und wie du dich von anderen in deinem Leben beeinflussen lässt, lenken lernst, beginnst du dein Leben nach deinen inneren Bedürfnissen und Werten auszurichten. Auf diese Weise nimmst du das Leben in deine Hände und erhältst die Kontrolle über dein Leben zurück. Wieviel mehr ist möglich, wenn wir uns erlauben, die zu sein die wir in Wahrheit sind?

♡ *Wir sind oft so damit beschäftigt, jemand zu sein, dass wir gar nicht mehr wissen, wer wir sind.*

Spiritualität, wie ich sie (heute) verstehe, ist die Basis von allem. Sie ist nicht etwas, das wir erreichen könnten. Sie Ist. Liebe Ist. Du Bist. Du bist bereits vollkommen in deinem Sein. Welchen Konzepten bist du bisher gefolgt? An wem/was hast du dich orientiert? Es war dir vielleicht bisher nicht bewusst, doch wann immer du dich mit den Sinnfragen des Lebens aufrichtig auseinander setzt und die Antworten empfängst, die das Leben dir spiegelt, liest du im Buch deines Lebens und kommunizierst bereits mit deiner Seele. Sie animiert dich zu diesen Fragen. Die Situationen in deinem Leben sind die Spiegel deiner inneren Überzeugungen. Die Dinge, mit denen du derzeit beschäftigt bist, haben immer mit den Lebensfragen zu tun, die du tief in dir trägst. Sie sind, was dich bewegt, was dich leitet und trägt. Du weißt bereits, dass unser irdisches Leben nur ein kleiner bewusster Aspekt unseres Seins ist. Dein Körper ist dein Vehikel und dein Kommunikationskanal. Dein Leben ist deine Erfahrungs- und Erkenntniswiese, dein ganz persönliches Spielfeld. Auch wenn es dir noch befremdlich ist, so zu denken, schau in dir nach, was dein Herz und deine Seele dir sagen. Es ist ok, darüber zu zweifeln und kritisch zu bleiben. Wir sind so lange auf ein rein materielles Weltbild programmiert und darauf konditioniert worden, die „Antworten" im Außen zu finden. Doch:

Wir tragen den Schlüssel der Wahrheit und die Antworten auf alle unsere Fragen bereits in uns.

Und da, wo wir uns der Fragen, die wir in uns tragen, noch nicht gewahr sind, erfassen wir die Antworten und die Botschaften, die das Leben uns spiegelt, nur unzureichend.

Wenn wir unsere Grenzen nicht kennen und unsere Räume nicht wahren, dann lassen wir zu, dass diese Räume von anderen „besetzt" werden und wir uns selbst nicht 100% zur Verfügung stehen. Niemand hat ein Recht, in unsere intimen Räume einzudringen, doch wie oft lassen wir es zu, ohne uns dessen überhaupt klar zu sein? Du bist dein heiliger Raum und dafür verantwortlich, was in diesem Raum passiert, was hinein darf und was nicht! Und wenn du dich fragst, warum immer andere deine Grenzen überrennen, dann weil es genau das ist, was deine Seele von dir will, dass du es endlich begreifst. Die Frage ist also nicht mehr, wieso passiert mir das immer? Sondern vielmehr: Wie kann ich lernen, wohlwollende Grenzen in meinem Leben zu finden und zu setzen? Wie geht das? Und schon öffnest du dich für die entsprechenden Antworten, statt aus einem Gefühl des Unvermögens, Mangel und einer Opferhaltung heraus zu reagieren. Auf dieser Basis entstehen selbst ermächtigende Fragen und Anliegen: Ich will wissen, wie das geht! Eine ganz andere Energie, oder? Dein Leben leitet dich und ist immer für dich da! Es ist deine Wahl, ob das ein spirituell philosophisches Konzept bleibt oder du dein Leben auf die Ebene deiner Selbstermächtigung und Seelenentwicklung heben möchtest. Besonders hochemapthische, feinwahrnehmende, vielfühlige Seelen neigen dazu, ihre eigenen Werte und Bedürfnisse zurückzustellen und andere zu bedienen. Wie oft haben wir in der Vergangenheit Platz gemacht für die, die lauter klappern und deren Werte und Absichten häufig mehr als fragwürdig sind! Wer bist du, wenn du deinen Platz im Universum wieder einnimmst mit all dem, was dich aus der Tiefe deines Seins leitet? Was für ein Leitstern kannst du in deinem Leben für dich und andere sein, nur indem du aufhörst jemand sein zu wollen, der du gar nicht (mehr) bist und als der du nie gedacht warst? Du hast in deinem Leben deine Bestimmung noch nicht gefunden? Dein Leben leitet dich unaufhörlich zu dir! Gib deinem Leben wieder eine Stimme und werde zum Leitstern deines Lebens. Du hast auf dich gewartet! Was du gesucht hast, bist du bereits in dir! Du bist kein Zufall. All deine Fähigkeiten, Talente, Gaben, Kompetenzen, Ressourcen und alle Möglichkeiten, die noch auf dich warten in Form von unendlichen Potenzialen aus dem unendlichen Feld der Möglichkeiten.

♡ *Dein Leben steht unter einem Leitstern – einer grösseren Frage, einer Vision, die dich leitet und dich nähren will!*

Dich mit mit deinem Leitstern, deiner größeren Vision, zu verbinden, verbindet dich direkt mit der Kraft und der Fülle deiner inneren Quelle. Von hier aus bist du immer sicher und geleitet und lebst dein Leben von Innen nach Außen. Indem du für dich gehst, verwandelt sich der Boden, auf dem du gehst, und alles um dich herum wandelt sich mit.

15

Anhang

Meditationen & Inspirationen

Unter diesem Link findest du zu den im Buch erwähnten Meditationen und weiteren Inspirationen, die dir kostenfrei zur Verfügung stehen:

https://essential-healing.net/zarteseele.html

Werte- und Bedürfnis-Liste

Lass uns kurz Werte von Bedürfnissen unterscheiden. Sie greifen ineinander zwar ineinander, doch bei deinen Werten geht es mehr um nach Außen gerichtete Dinge und bei den Bedürfnissen, geht es um die Dinge die du brauchst, um dich wirklich sicher und wohl in deinem Leben und deiner Haut zu fühlen. Und natürlich gibt es hier Überschneidungen. Wenn Erfolg oder Geld sehr wichtige Werte für dich sind, dann stehen dahinter meist konkrete Bedürfnisse, beispielsweise nach Sicherheit, Stabilität, Anerkennung.

Die Liste kannst du dir auch immer dann anschauen, wenn es einen Konflikt mit dir selbst oder anderen gibt. Sie hilft dir, herauszufinden, welcher Wert bzw. Bedürfnis für dich nicht erkannt und somit unversorgt ist. Nun kannst du dich drum kümmern. Hier habe ich dir Beispiele für Werte und Bedürfnisse, aus denen du auswählen kannst, zusammengestellt:

Achtsamkeit, Anregung, Abenteuer, Ästhetik, Aufmerksamkeit, Aufrichtigkeit, Austausch, Annahme, Akzeptanz, Ausgewogenheit, Anerkennung, Authentizität, Autonomie, Abwechslung, Bewegung, Bewunderung, Bewusstheit, Dankbarkeit, Effektivität, Einbezogen sein, Einfühlsamkeit, Entfaltung, Entspannung, Entwicklung, Erfahrung, Ehrlichkeit, Erholung, Entspannung, Erfolg, Feiern, Freiheit, Freude, Frieden, Fairness, Freundschaft, Familie, Ganzheit, Geborgenheit, Gesundheit, Gemeinschaft, Genauigkeit, Gerechtigkeit, Gleichheit, Gemocht werden, Glück, Geld, Gewissheit, Harmonie, Herausforderung, Individualität, Integrität, Intimität, Inspiration, Klarheit, Kongruenz, Kontrolle, Kommunikation, Lebenserhaltung, Liebe, Menschlichkeit, Miteinander, Mitgefühl, Macht, Muße, Nähe, Nachhaltigkeit, Offenheit, Pünktlichkeit, Respekt, Ruhe, Ruhm, Selbstbestimmung, Selbstentfaltung, Selbstverantwortung, Selbstverwirklichung, emotionale Sicherheit, körperliche Sicherheit, Sinn, Schutz, Stabilität Sexualität, Spass, Spiritualität, Struktur, Status, Tiefe, Toleranz, Unterstützung, Unabhängigkeit, Verantwortung, Verlässlichkeit, Verbindung, Verbindlichkeit, Verbundenheit, Vertrauen, Verständnis, Verstehen, Verstanden werden, Vorhersagbarkeit, Wachstum, Wahrgenommen werden, Wahrhaftigkeit, Wahrheit, Wärme, Wertschätzung, Wissen, Würdigung, Zugehörigkeit, Zuneigung, Zusammenarbeit, Zeitsouveränität

In diesem Zusammenhang ist es ebenfalls hilfreich herauszufinden, was für dich ein gewählter Wert bedeutet. Nehmen wir an, ein dir wichtiger Wert wäre Geld: warum ist dir Geld wichtig? Was ermöglicht Geld dir? Was stellt Geld als Wert für dich in bezug auf deine Bedürfnisse sicher? Steht es für Freiheit? Sicherheit, deine Miete zahlen zu können? Nehmen wir an, Pünktlichkeit ist dir sehr wichtig. Du findest es unerträglich, wenn andere Menschen unpünktlich sind.... Doch was steht hinter der Pünktlichkeit? Geht es vielleicht viel mehr um das Bedürfnis, vom anderen ernst genommen zu werden oder dich mit dir, bzw. anderen, verbunden zu fühlen?

Es ist spannend, mit solchen Fragen auf Spurensuche zu gehen und herauszuarbeiten, was dich eigentlich wirklich antreibt, dich für bestimmte Werte zu entscheiden. Du lernst in jedem Fall sehr viel über dich und damit dich selbst viel besser kennen. Aus meiner Erfahrung überträgt sich das automatisch auf dein Verständnis und dein Mitgefühl für andere und hilft dir besser bei dir bleiben zu können.

Quellen- und Literaturnachweise:

Dr. Joe Dispenza – Ein neues Ich – Wie Sie Ihre gewohnte Persönlichkeit in vier Wochen wandeln können, Koha-Verlag 2012, Burgrain

Clinton Callahan – Die Kraft des bewussten Fühlens. Ein Handbuch, um näher an Ihrer eigenen Wahrheit zu leben, next culture press Verlag, 3. Auflage 2016

Empfehlungen im Buch:

Juaques Martel – Mein Körper – Barometer der Seele, VAK-Verlag 2005

Luise L. Hay – Heile deinen Körper, Lüchow-Verlag 1989

Weitere Empfehlungen und Inspirationen:

Dr. Eben Alexander – Blick in die Ewigkeit: Die faszinierende Nahtoderfahrung eines Neurochirurgen, Heyne-Verlag 2016

Dr. Bruce Lipton – Intelligente Zellen Wie Erfahrungen unsere Gene steuern, Koha-Verlag 2016

Dawson Church – Die neue Medizin des Bewusstseins. Wie Sie mit Gedanken und Gefühlen Ihre Gene positiv beeinflussen können, VAK 2009

Ramtha – Liebe dich selbst ins Leben: Ausgewählte Lehren und die Weisheit von Ramtha (Edition RAMTHA), Michaels 1999

Ramtha – Das Gehirn: Schöpfer von Realität und einem erhabenen Leben, Gabriel Reinert, Ligvid Media 2015

Rupert Sheldrake – Das schöpferische Universum. Die Theorie des morphogenetischen Feldes, Ullstein 1993